地方环境立法研究

杜寅　著

法律出版社 LAW PRESS · CHINA
北京

图书在版编目(CIP)数据

地方环境立法研究 / 杜寅著. -- 北京 ：法律出版社, 2023
ISBN 978 -7 -5197 -7978 -8

Ⅰ. ①地… Ⅱ. ①杜… Ⅲ. ①环境保护法－立法－研究－中国 Ⅳ. ①D922.680.4

中国国家版本馆 CIP 数据核字(2023)第 099673 号

地方环境立法研究
DIFANG HUANJING LIFA YANJIU

杜 寅 著

责任编辑 翁潇潇
装帧设计 汪奇峰

出版发行 法律出版社
编辑统筹 法规出版分社
责任校对 张红蕊
责任印制 耿润瑜
经　　销 新华书店

开本 710 毫米×1000 毫米 1/16
印张 17.25 **字数** 209 千
版本 2023 年 7 月第 1 版
印次 2023 年 7 月第 1 次印刷
印刷 北京新生代彩印制版有限公司

地址:北京市丰台区莲花池西里 7 号(100073)
网址:www.lawpress.com.cn
投稿邮箱:info@lawpress.com.cn
举报盗版邮箱:jbwq@lawpress.com.cn

销售电话:010－83938349
客服电话:010－83938350
咨询电话:010－63939796

书号:ISBN 978－7－5197－7978－8
定价:58.00 元

凡购买本社图书,如有印装错误,我社负责退换。电话:010－83938349

2017年度教育部人文社会科学研究青年基金项目

“设区市环境立法技术研究”（17JYC820007）成果

◇

2023年宁波立法研究院年度项目

“地方立法的宁波经验及样本”（LRI2023ZD02）阶段性成果

前言

“实现环境法律有效性转型，让法律在中国生根落地，就必须面向中国生态法治的真问题，而不是面向预设与虚构的假问题，必须立足于中国本土资源，而不是隔空取物般的盲从。”〔1〕如何让环境法学对接本土资源并回应中国法治问题，或者换句话说，如何让环境法学突破比较研究智识上的孤立，使知识增量具有中国法治的实践立场和指向。这要求环境法学人必须走进中国本土法治的田野，在真实的法治中获得实质性知识，追问行为如何发生、为何发生以及对行为的性质有所理解。〔2〕地方环境立法为环境法学走向真正意义上的田野研究打开了一扇窗口。

自2015年立法权下放至设区的市以来，地方环

〔1〕钭晓东、杜寅：《中国特色生态法治体系建设论纲》，载《法制与社会发展》2017年第6期。

〔2〕参见王启梁：《法学研究的“田野”——兼对法律理论有效性与实践性的反思》，载《法制与社会发展》2017年第2期。

境立法井喷式地增长，使环境法学者全面、深入接触环境立法成为可能。设区市环境立法权下放是环境法治复杂性与中国行政权改革共同作用的结果，有深刻的内在原因。环境法治的复杂性使环境立法具有碎片化、一般化、实证化的倾向，经常“因人制法、因事制法、因时制法、因地制法”。为保持这一法律适应性，环境立法权需要下放至适当层级。同时，伴随全国整体行政事权的下放与环境行政权的集中，设区的市成为环境行政执法的一线，具有信息、执法上的优势。因此，设区的市环境立法的井喷是环境法治发展的必然。在地方立法调研或评估过程中，地方人民政府部门会就相关领域主动与环境法学者进行深入交流，并提供相应的环境质量、环境执法信息。这反映了国家立法不足与基层执法现实，在很大程度上弥补了环境法学实践知识的不足。

然而，在立法实践中，地方环境立法现状与中央提出的“不抵触、有特色、可操作”要求仍有一定距离。“不抵触”面临立法合法性与创设性的冲突，“有特色”面临法律内部结构与外部实效的冲突，“可操作”面临法律应然选择与实然条件的冲突。这些冲突反映在法学中就体现为地方环境立法功能定位、立法理由与资源分配、立法逻辑体系与流程、地方立法权限、立法成本效益分析、立法规范性及民主性等问题。

自2016年开始，笔者先后参与《三亚市山体保护条例》《三亚市河道生态保护管理条例》《襄阳市汉江流域水环境保护条例》《宁波市生活垃圾分类管理条例》《宁波市建筑垃圾管理条例》《宁波市再生资源回收利用管理条例》《宁波市公筷使用规定》《绍兴黄酒保护和发展条例》等多部地方性法规的起草工作。2021年，笔者在宁波市人大常委会法工委挂职锻炼一年，从立法工作者角度全过程参与了宁波市2021年度的环境保护类地方立法，对环境法与地方立法面临的实践困难有切身之感。希望此书能够抛砖引玉，为科学立法、民主立法尽微薄之力。

杜 寅

甬江之畔

2023年6月28日

目　录

第一章

全国地方环境立法概况

2015 年 3 月 15 日，第十二届全国人民代表大会第三次会议对《立法法》进行修正，修正后的《立法法》第 72 条、第 82 条赋予设区的市、自治州等对“城乡建设与管理、环境保护、历史文化保护等方面的事项”制定地方性法规和地方政府规章的权力。2023 年 3 月 13 日，第十四届全国人民代表大会第一次会议通过了《全国人民代表大会关于修改〈中华人民共和国立法法〉的决定》，将地方立法事项进一步扩展为“城乡建设与管理、生态文明建设、历史文化保护、基层治理等方面的事项”。从环境保护类事项修改为生态文明建设类事项，意味着地方人大在环境领域的立法权进一步扩张。据统计，到 2021 年 12 月 31 日，我国地方立法主体增加到 353 个，包括 31 个省、自治区、直辖市，288 个设区的市，30 个自治州和 4 个不设区的地级市，现行有效的地方性法规共计 17259 件，其中环境保护类 1287 件、资源类 626 件、能源类 109 件，三类共计 2022 件，占比超过 11.7%。一幅地方环境立法的宏伟画卷正向我们徐徐展开，为环境法学实证研究提供了难得的素材与机遇。

一、地方环境立法概况

马克思、恩格斯曾经说过，我们这个世纪面临的大变革，即人类同自然的和解及与人类本身的和解。改革开放以来，中国造就了世界经济发展史上的“中国奇迹”。在经济发展之初，中国就见证了西方国家对于经济与环境失衡之路的困厄，但回顾发展历程，中国依然走上了先污染后治理的老路。[1] 经过四十多年的发展，在“宪法—法律—行政法规—地方性法规—部门规章—政府规章”基本框架下构建的环境立法体系也基本形成并不断完善，环境立法甚至成为诸多立法领域中整体形式最完整、数量最为庞大的佼佼者之一。一方面，中央层面的环境立法发挥了主导作用；另一方面，数量众多的地方环境立法的贡献也不容忽视。[2]

2015 年 3 月 15 日，第十二届全国人民代表大会第三次会议通过《关于修改〈中华人民共和国立法〉的决定》，这部“法”终于迎来了集地方立法权、立法与改革关系等重大问题于一身的首次大修，其中就包括地方环境保护立法，将过去 49 个市才享有的地方立法权在部分事项上（其中包括环境保护）扩大至 284 个市。截至 2022 年，由于林芝市、吐鲁番市于 2015 年 4 月撤地设市，山南市、哈密市于 2016 年 2 月撤地设市，那曲市于 2017 年 10 月撤地设市，莱芜市于 2019 年 1 月撤销，因此全国设区的市增加了 4 个，应为 288 个。加上 30 个自治州以及东莞、中山、嘉峪关、三沙 4 个不设区的市，应享有地方立法权的市州的数量为 322 个。

（一）地方环境立法数量概况

地方环境立法的数量和占比反映出地方立法主体对环境立法的重视程度和立法意愿。笔者在北大法宝数据库中对 322 个有地方立法权的市州的地方性法规按地区进行检索。经过筛选和统计，截至

[1] 参见周迪：《论中央与地方环境立法事项分配》，中国社会科学出版社 2019 年版，第 1 页。

[2] 参见周迪：《论中央与地方环境立法事项分配》，中国社会科学出版社 2019 年版，第 3 页。

2022年7月，我国322个享有地方立法权的市/州现行有效的立法总数为7464部，其中环境立法2124部，[1] 占比达28.5%，其中广东省地方环境立法总数排在第一位，共有158部立法，占到全国有地方立法权的市州环境立法总数的7%左右（见图1-1）。在各省或自治区中，地方环境立法总数大于100部的省份共计8个，数量由多至少排名为广东省、山东省、辽宁省、江苏省、河南省、山西省、浙江省、福建省。大部分省或自治区的地方环境立法数量保持在50部至100部，仅有6个省或自治区的地方环境立法数量小于50部。

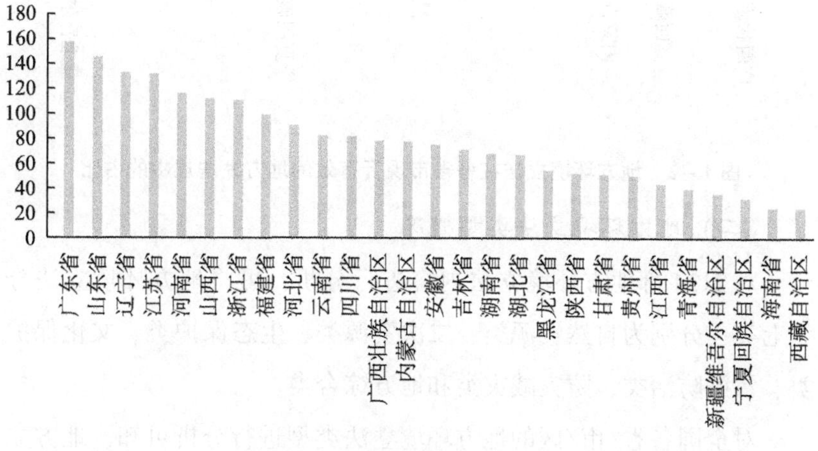

图1-1　全国地方环境立法总数

从统计来看，大部分省市的地方立法主体高度重视环境立法工作，其地方环境立法总数在其现行有效的地方性法规总量占40%以上的有3个省，占比为30%～40%的有7个省，占比为20%～30%的有17个省。其中，广西壮族自治区的占比高达48%。这也体现

[1] 笔者在北大法宝地方法律法规数据库中对322个有地方立法权市/州现行有效的地方性法规按地区进行检索，最终汇总得出现行有效的地方立法总数为7464部，在此基础上筛选出与环境相关的立法，总数为2124部。

出不同地方省市对环境立法工作的重视程度和需求情况的差异。(见图1-2)

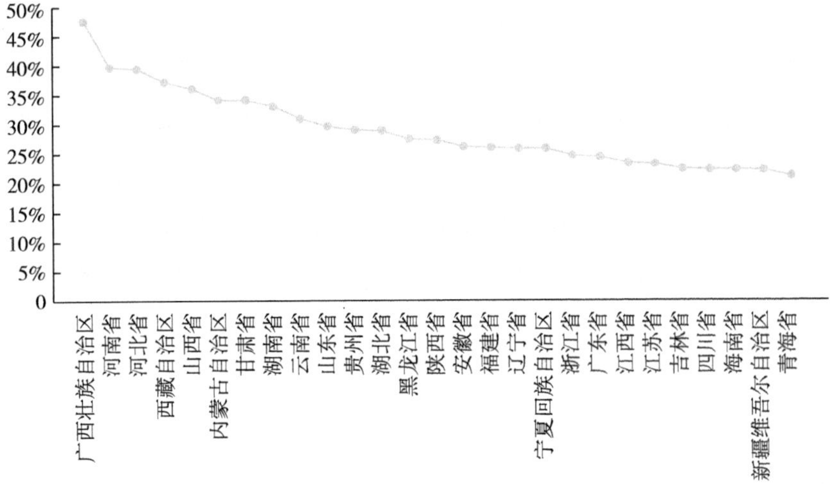

图1-2　地方环境立法在各省市现行有效的地方性法规中的占比

（二）地方环境立法类型概况

对2124部地方环境立法内容进行分析，可将地方环境立法分为七类，分别为自然资源类、二次资源类、生态保护类、文化保护类、污染防治类、防灾减灾类和地方综合类。

对全国各省/市/区的地方环境立法类型进行分析可知，地方立法主要关注生态保护与自然资源，其次是污染防治和地方综合，最后是文化保护、防灾减灾与二次资源。地方环境立法中生态保护有关的立法总数为517部，约占24%；自然资源有关的立法总数为443部，约占21%；污染防治和地方综合分别为375部和388部，约占18%；文化保护立法总数为315部，约占15%；二次资源和防灾相关立法，立法总数分别为46部和40部，约占2%。(见图1-3)

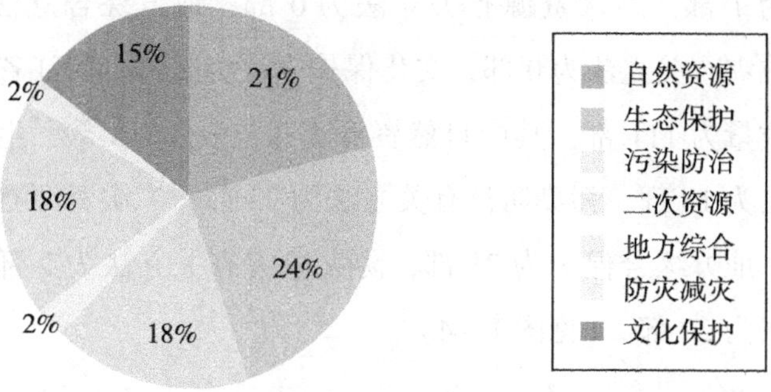

图 1－3　全国范围内不同类型地方环境立法数量比例

具体到各个省、自治区、直辖市，广东省地方环境立法总数最多，为 158 部；其次是山东省，地方环境立法总数为 146 部；再次是辽宁省、江苏省、河南省、山西省和浙江省，各地方环境立法总数分别为 133 部、132 部、116 部、113 部和 111 部；紧接着是福建省地方环境立法 100 部，河北省 91 部，四川省 82 部，云南省 83 部，广西壮族自治区 79 部，内蒙古自治区 78 部，安徽省 75 部，吉林省 72 部，湖南省 69 部，湖北省 68 部；最后是黑龙江省 55 部，贵州省 51 部，陕西省 53 部，甘肃省 52 部，江西省 45 部，青海省 41 部，新疆维吾尔自治区 37 部，宁夏回族自治区 34 部，海南省 25 部，西藏自治区 25 部。各地方主要将环境立法的重点放在生态保护、自然资源和污染防治三方面，其次是文化保护、地方综合、二次资源以及防灾减灾方面环境立法。以地方环境立法数量最多的广东省、最少的西藏自治区以及数量居中的浙江省为例，广东省地方环境立法数量为 158 部，其中自然资源有关立法为 30 部，生态保护有关立法为 30 部，污染防治有关立法为 36 部，二次资源有关立法为 4 部，地方综合立法为 34 部，防灾减灾有关立法为 2 部，文化保护立法为 22 部；西藏自治区地方环境立法总数为 25 部，其中自然资源有关立法为 7 部，生态保护有关立法为 6 部，污染防治有关立法为1部，二次资源有关立法为0部，地方综合立法为9部，防灾减灾有关立法为0部，文化保护立法为2部；浙江省地方环境立法数量为111部，其中自然资源有关立法为18部，生态保护有关立法为16部，污染防治有关立法为22部，二次资源有关立法为3部，地方综合保护为21部，防灾减灾有关立法为2部，文化保护立法为29部。（见图1－4）

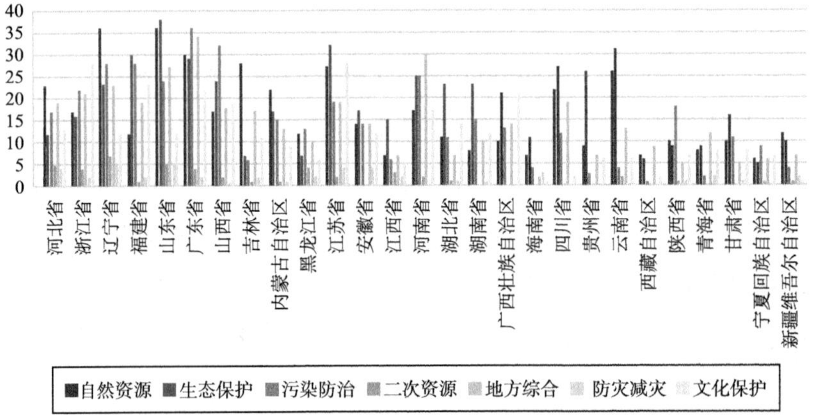

图1－4　各省/市/区不同类型环境立法数量

（三）地方立法发展概况

对我国设区的市历年地方立法总数进行分析（如图1－5所示），在2016年大范围放开地方地法权之前，全国设区的市立法总数增长趋于平缓，有关环境的地方性法规总数甚至不足100部；但在2016年之后，全国设区的市纷纷开始立法，立法总数逐年增加，2019年达到了顶峰，共计368部。2019年之后，与环境有关的地方性法规呈现下降趋势，地方立法重心有所转移。

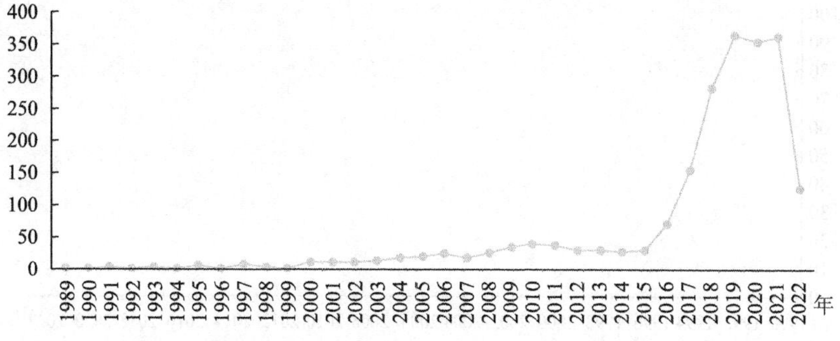

图 1-5　全国设区的市历年立法总数

二、地方环境立法类型化分析

以立法的内容为标准对当前地方环境立法的类型进行分类，大致可将地方环境立法分为自然资源类、二次资源类、生态保护类、文化保护类、污染防治类、防灾减灾类和地方综合类七类，具体情况分述如下：

（一）地方污染防治类立法情况

污染防治法，是指运用经济、技术及其他管理手段和措施，对污染源的污染物排放量进行监督和控制的法律规范的总称。进入21世纪以来，我国经济飞速发展，已成为继美国之后的世界第二大经济体。与此同时，我国各省市对经济发展造成的城乡污染也逐步重视起来，但囿于立法权的限制，地方污染防治类立法在2016年之后才逐渐增多。如图1-6所示，在2015年之前，每年颁布的污染防治类立法不超过5部；但到了2016年，全国共颁布12部污染防治类立法，约占地方环境立法总数的3.2%；2017年共24部，约占6.4%；2018年共34部，约占9.1%；2019年共78部，约占20.8%；2020年共97部，约占25.87%；2021年共70部，约占18.67%；2022年7月前共33部，约占8.8%。

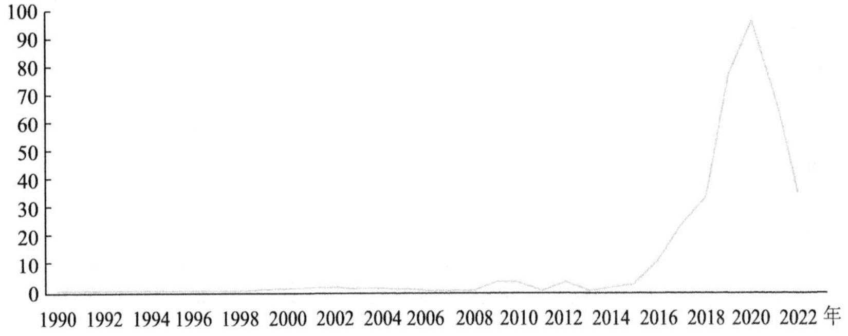

图 1-6　地方污染防治类立法数量

2016 年、2017 年颁布的污染防治类立法数量并不多。随着党的十九大的召开，党中央对环境污染问题高度关注和重视，重申“绿水青山就是金山银山”的环保理念，并在提出坚决“打赢蓝天保卫战”之后又提出坚决“打赢碧水保卫战和净土保卫战”，各地级市为响应号召纷纷开始立法。自此地方污染防治立法呈现井喷之势。2018 年比 2017 年多颁布 10 部，同比增长达 41.7%；2019 年比 2018 年多颁布 44 部，同比增长达 129.4%；2020 年比 2019 年多颁布 19 部，同比增长达 24.4%。

从地域分布来看，污染防治立法情况反映出地方工业产业发展情况与重污染治理压力。如山东省和广东省分别颁布 36 部污染防治条例，约占全国的 9.6%；山西省共 32 部，约占 8.5%；辽宁省共 27 部，约占 7.2%；浙江省共 22 部，约占 5.9%；江苏省共 20 部，约占 5.3%；河北省共 16 部，约占 4.3%。地处西部的西藏自治区仅颁布 1 部污染防治条例，约占全国的 0.2%；新疆维吾尔自治区和云南省仅 4 部，约占 1.1%；甘肃省共 10 部，约占 2.7%；青海省共颁布 12 部，约占全 3.2%。盖因经济较为发达的东部地区，法律体系较为完善、立法资源也相对丰富，有较好的条件开展更进一步的大气市级防治立法工作。[1]

从内容上看，地方污染防治类立法涵盖范围较广，包含大气、水、扬尘、噪声、畜禽养殖、生活垃圾、建筑垃圾等领域。在这些领域中，大气污染防治相关的立法最多，共有85部，约占污染防治类立法总数的22.7%；生活垃圾防治立法的次之，共有59部，约占15.7%；扬尘相关的共有55部，约占14.7%；水污染相关的共有35部，约占9.3%；噪声和建筑垃圾相关的分别有27部和26部，约占7.2%和6.9%。以条例颁布最多的大气污染防治为例，煤炭大省山西省的11个地级市中有10个制定了大气污染防治条例，河南省的17个地级市中有12个制定了大气污染防治条例；像青海省、云南省、贵州省等西部地区，仅经济相对发达的省会城市制定了大气污染防治条例。2022年全国169个重要城市空气质量排名中的后10名[2]（太原市、唐山市、阳泉市、滨州市、石家庄市、临汾市、保定市、咸阳市、淄博市、安阳市）里进行统计，太原市、唐山市、阳泉市、石家庄市、临汾市、保定市、咸阳市和安阳市制定了相应的大气污染防治条例，而滨州市和淄博市则没有制定[3]。这也就意味着在大气环境质量较差的两个地级市只能适用上位法即省一级或国家层面的法律法规来治理当地的大气污染，实施效果有待考察。

（二）地方自然资源类立法情况

自然资源法是调整人们在开发、利用、保护和管理自然资源过程中发生的各种社会关系的法律规范的总称。在当前所有地方环境

[1] 参见郭玲灵：《设区市大气污染防治立法现状与完善》，载《西部学刊》2019年第21期。

[2] 智研数据中心：《2022年5月中国各城市空气质量排行榜》，载搜狐网2022年7月1日，https://www.sohu.com/a/562720620_120950077。

[3] 统计时间截至2022年7月9日，法律检索工具为北大法宝。

立法中，自然资源类立法数量仅次于生态保护类立法，共计443部，基本涵盖了我国常见的自然资源的开发、利用、保护与管理，包括水资源、矿产资源、土地资源、气候资源、森林资源等。自2015年我国地方立法权下放以来，自然资源类立法也逐渐成为地方立法关注的焦点。2016年，习近平总书记作出重要指示："要深化生态文明体制改革"，"切实贯彻新发展理念，树立'绿水青山就是金山银山'的强烈意识"[1]，在此后的五年中我国自然资源类地方立法数量呈现飞跃式增长，2020年地方立法数甚至高达68部，法治建设取得了令人瞩目的成就。

在自然资源相关的地方环境立法中，从立法数量和类型分布来看，水资源相关的立法共计323部，在数量上远超其他自然资源，占全部自然资源类地方环境立法总数的73%左右；其次是森林资源立法，共28部，占总数6%左右；土地资源立法，共24部，占总数5%左右；矿产资源立法，共15部，占总数3%左右。由此可见，水资源是地方自然资源立法关注的重点对象。

从立法内容和结构来看，自然资源类地方环境立法主要涉及自然资源的权属关系以及合理开发利用制度，此外，还包括对环境生态利益的保护和自然资源的可持续利用。但是与生态保护类地方环境立法相比，自然资源类地方环境立法偏重于资源利用与资源利用率。以杭州市水资源相关的地方环境立法为例，可以发现杭州水资源地方环境立法主要类型包括水源地饮用水保护、水资源管理利用以及水环境治理等三大类，对其基本结构和主要制度进行梳理，如表1-1所示。从立法内容和结构上可以很明显地看出杭州市水资源类立法侧重点在于对水资源的开发、分配、储备和利用，以便能

[1] 《树立"绿水青山就是金山银山"的强烈意识》，载人民网，http://theory.people.com.cn/n1/2018/0103/c416126-29743659.html。

够提高节约集约利用水平，最大限度地发挥其经济效能。

表1－1　杭州市水资源类地方环境立法分析表

名称	内容结构	法律制度
杭州市城市河道建设和管理条例	规划、建设、保护与管理、法律责任	水资源规划制度、水资源综合利用制度
杭州市生活饮用水源保护条例	管理部门和职责、饮用水源的保护、法律责任	饮用水水源保护制度
杭州市河道管理条例	河道的规划与整治、河道建设项目的管理、河道的保护、保障措施、法律责任	水资源规划制度、水资源综合利用制度、水资源保护制度
杭州市第二水源千岛湖配水供水工程管理条例	工程建设、工程管理与保护、水质保障与供水、法律责任	饮用水水源保护制度、生态用水制度、计划用水制度、水环境生态保护补偿机制、取水许可及水资源有偿使用制度
杭州市城市供水管理条例	城市供水水源管理、城市供水工程建设、城市供水设施管理、城市供水用水管理、法律责任	水源保护制度、生态用水制度、计划用水制度

从区域立法来看，自然资源类地方环境立法制定数量最多的是辽宁省，共36部；其次为山东省和广东省，为35部和30部。立法数量相对较少的省，如青海省和湖南省，地方立法数量均为8部；其次是江西省、海南省、西藏自治区，地方立法数量均为7部；立法数量最少的为宁夏回族自治区，地方立法数量仅为5部；大部分地区的自然资源类地方环境立法数量保持在10到20部。由于当前我国自然资源类地方立法中70%以上为水资源类自然资源立法，因此，我国各省市自然资源类地方立法数量的多少在很大程度上受到当地水资源地方立法的影响。自然资源类地方立法数量排在前三位的省份：辽宁省、山东省、广东省本身就为矿产资源大省，

同时由于其水资源稀缺，在我国人均水资源量排行榜中排名靠后，当地更注重对水资源的利用，两相结合之下其自然资源地方环境立法数量远超于其他省份。

此外，由于我国自然资源分布的不平衡和差异性，自然资源类地方环境立法也呈现出较为明显的区域性。受气候和地形影响，我国淡水资源的地区分布极不均匀，水资源总量的81%集中分布长江以南地区，广大北方和沿海地区水资源严重不足。但是当前我国水资源类地方环境立法中，长江以北地区制定了60%以上的地方性法规。长江以北地区由于水资源稀缺会比长江以南的城市会更注重水资源的管理利用和节约，立法更为精细化。以石家庄市为例，除了《石家庄市水资源管理条例》以外，石家庄还制定了《石家庄市河道管理条例》《石家庄市岗南黄壁庄水库饮用水水源污染防治条例》《石家庄市城市排水管理条例（试行）》《石家庄市城市供水用水管理条例》，对水源地、河道、城市供水用水、排水等分门别类作出细致的规定。同样，这种区域性也体现在矿产资源上，中国矿产资源地区分布不均匀，如铁主要分布于辽宁省、冀东和川西，西北很少；煤主要分布在华北、西北、东北和西南，其中山西省、内蒙古自治区、新疆维吾尔自治区等省区最集中，而东南沿海各省则很少。[1] 在此情况下，关于矿产、煤矿类自然资源地方环境立法也基本集中在北方内陆地区，如有“煤都”之称的辽宁省抚顺市，又如拥有“中国最大的煤矿”的山西省大同市都制定了相应的矿产资源管理条例来合理开发利用和有效保护矿产资源，发展矿业生产。

除了对一些常见的自然资源的立法，各地也依据地方利益因地

[1] 《自然资源》，载中央人民政府网，http://www.gov.cn/guoqing/2005-09/13/content_2582636.htm。

制宜对一些重要的、特色的自然资源进行保护。以广东省肇庆市为例，作为中国著名的砚石——端砚石的产地，2019 年肇庆市颁布实施了《肇庆市端砚石资源保护条例》。同样，2022 年湖北省享有"中国绿松石之乡"美誉的十堰市也出台了《十堰市绿松石资源保护条例》用以保护和管理当地的绿松石资源。除此之外，还有《无锡市宜兴紫砂保护条例》《黔南布依族苗族自治州岩溶资源保护条例》《福州市寿山石资源保护办法》等。这些充分体现了地方立法的灵活性，依据地方特色利益有针对性对当地重要的、独有的自然资源进行保护，弥补国家层面立法的不足，为当地自然资源的开发、利用、保护提供有力的保障。

（三）地方二次资源类立法情况

二次资源类立法是从法律上规范二次资源循环利用过程中的权利、义务关系，以促进资源再生利用与综合利用，提升资源利用率。相比于自然资源类立法，二次资源类立法更多强调提高资源利用率，节约资源。在当前所有地方环境立法中，二次资源类地方环境立法数量较少，仅 46 部，主要包括再生资源利用、能源节约、碳排放管理等。其中，能源节约类地方环境立法占地方二次资源立法总数的 52%；再生资源、循环经济类立法占比 41% 左右；最少的为碳排放管理类，仅占比 7% 左右。

从立法时间来看，二次资源类地方环境立法的发展大致可以分为三个阶段。第一阶段为节约能源类立法发展阶段。我国历来高度重视能源节约工作。第八届全国人大第四次会议批准的《中华人民共和国国民经济和社会发展"九五"计划和 2010 年远景目标纲要》指出：能源工业要"坚持节约与开发并举，把节约放在首位"，并要求"狠抓资源节约和综合利用，大幅度提高资源利用效率"。1997 年《节约能源法》标志着我国首次把节约能源放到了国家法律的高度。为贯彻落实《节约能源法》，各省、直辖市纷纷出台了相应的地方性法规，在2000年前后一些有立法权的市州开始尝试制定能源类地方环境立法，如《上海市节约能源条例》《沈阳市节约能源条例》《鞍山市节约能源条例》等。从立法内容来看，能源节约类二次资源地方环境立法主要涉及以下制度：节能主管机构设置制度、节能技术进步制度、节能管理制度、合理利用能源制度、节能激励制度等。除了制定节约能源的地方性法规之外，各地区为保障节约能源地方性法规的落实和具体实施，还就节约能源法规中的具体制度专门立法来推进能源节约工作。比如，在建筑节能方面，杭州市、济南市、淄博市、南京市等11个城市都出台了建筑节能管理条例。在节能监察制度方面，以南昌市为例，南昌市作为江苏省的重要工业城市，出台了《南昌市工业节约能源监察条例》用以规范工业节约能源监察行为，推动合理用能和节约用能。

第二阶段为再生资源回收类立法发展阶段。相比于能源类地方环境立法，再生资源回收利用类地方环境立法在我国发展时间较短。长期以来，我国经济发展高度依赖能源的消耗，资源使用效率低下，随着全球资源与环境问题日益加剧，资源已经成为制约我国经济发展的重要因素。据有关部门统计，2005年发达国家再生有色金属的产量一般占其有色金属总产量的30%～40%，而我国仅为15%～20%。我国每年约有500万吨废钢铁、20万吨废有色金属、1400万吨的废纸及大量的废塑料、废玻璃等没有回收利用。[1] 除了节约能源，如何提高资源利用率也成为摆在我国面前的重要问题。此背景下，2005年党的十六届五中全会明确提出，要加快建设资源节约型、环境友好型社会，促进经济发展与人口、资源、环境

[1] 《我国资源开发利用中存在的主要问题及原因》，载中央人民政府网，http://www.gov.cn/govweb/ztzl/2005－12/29/content_141081.htm。

相协调。[1] 此后我国地方开始逐渐探索再生资源类地方环境立法。为了推动再生资源回收利用以及循环经济发展，2006 年哈尔滨市、宁波市、大连市、石家庄市等 61 个城市被商务部列入全国再生资源回收利用体系建设试点城市，这些城市也是当前制定我国再生资源回收地方性法规的主要城市。地方试点工作的进行为立法积累了大量的经验，建立了良好的基础。除了对再生资源的回收利用的立法，一些城市也依据自身情况将资源种类进一步细化管理，如南京市出台了《南京市粉煤灰综合利用管理条例》，呼和浩特市出台了《呼和浩特市再生水利用管理条例》等。

第三阶段为碳减排立法发展阶段。2020 年，习近平总书记在第七十五届联合国大会上郑重宣布，中国“二氧化碳排放力争于 2030 年前达到峰值，努力争取 2060 年前实现碳中和”，一时间“碳减排”这个词在社会上引起热议。但其实早在 2010 年，国家发改委就发布了一则名为《关于开展低碳省区和低碳城市试点工作的通知》，确定首先在广东省、辽宁省、湖北省、陕西省、云南省五省和天津市、重庆市、深圳市、厦门市、杭州市、南昌市、贵阳市、保定市八市开展低碳城市试点工作。2011 年的《中华人民共和国国民经济和社会发展第十二个五年规划纲要》中提出“深入贯彻节约资源和保护环境基本国策，节约能源，降低温室气体排放强度，发展循环经济，推广低碳技术，积极应对全球气候变化”。同年，按照《中华人民共和国国民经济和社会发展第十二个五年规划纲要》关于“逐步建立碳排放交易市场”的要求，中国在北京市、天津市、上海市、重庆市、湖北省、广东省及深圳市启动了碳排放权交易试点工作。为了配合中央政策实现立法和改革决策相衔接，

[1] 《中华人民共和国国民经济和社会发展第十一个五年规划纲要》，载中央人民政府网，http：//www. gov. cn/gongbao/content/2006/content_ 268766. htm。

伴随着各类地方试点的，还有一系列地方先行的立法。2012 年深圳市作为经济特区，充分发挥自身优势，积极落实国家战略，制定了《深圳经济特区碳排放权管理若干规定》，这也是试点城市中最早发布的关于碳交易的地方立法，远早于 2014 年国家发改委发布《碳排放权交易管理暂行办法》（已失效）。同样还有，2016 年石家庄市、南昌市作为低碳试点城市相继出台了地方低碳发展促进条例来鼓励支持低碳发展，减少温室气体排放，应对气候变化，但是至今还没有一部国家层面的低碳立法。从立法时间和数量来看，“碳排放”“绿色金融”类地方环境立法在我国仍然属于探索阶段，未来还需要很长一段时间去进行完善。

总体来看，二次资源类地方立法的数量较少，且基本呈现一种政策先行、立法跟进的态势。从区域立法来看，出台再生资源回收和碳排放类地方环境立法的城市大部分为国家试点城市，先深化地方试点积累立法经验，为二次资源类和低碳类立法工作的进一步进行做好准备。但是，这种情况也导致了地方立法缺乏高阶规范以处理不同立法在制度安排上的不协调。比如，作为地方立法的《深圳市碳排放权交易管理办法》，其针对纳入监管的排放单位未足额清缴碳配额所规定的法律责任为“责令限期补足并提交与超额排放量相等的配额或者核证减排量；逾期未补足并提交的，强制扣除等量配额，不足部分从其下一年度配额中直接扣除，处超额排放量乘以履约当月之前连续六个月配额平均价格三倍的罚款”。这明显严于 2020 年国家出台的《碳排放权交易管理办法（试行）》中的规定“由其生产经营场所所在地设区的市级以上地方生态环境主管部门责令限期改正，处二万元以上三万元以下的罚款；逾期未改正的，对欠缴部分，由重点排放单位生产经营场所所在地的省级生态环境主管部门等量核减其下一年度碳排放配额”。地方立法的实验性质突出。

此外，二次资源类地方环境立法数量也表明当前社会对于二次资源循环利用的重要性认识还不够。《中华人民共和国国民经济和社会发展第十三个五年规划纲要》中强调要全面推动能源节约，大力发展循环经济。但是，在地方立法中，一些高能耗城市在能源节约和再生资源方面地方性法规缺失，落实党中央提出的“促进循环经济发展”“推动能源节约”的要求缺少法治保障，难以有效回应资源消耗压力过大的可持续发展矛盾。节约能源、提高资源利用率发展到今天，需要深入融合在整个社会大循环之中，成为实施绿色、节能、低碳、循环发展的重要内容。如何加强二次资源类地方环境立法，通过地方立法将我国经济社会发展各领域、全过程的绿色低碳要求制度化、法治化，以法治的力量推动和保障经济社会发展全面绿色转型仍然是我国当前需要面对的重要议题。

（四）地方生态保护类立法情况

生态保护法是由环境资源法发展演变而成，强调生态本位观、生态整体主义观、综合生态系统观、生态基础制约或环境承载力有限观、人与自然和谐相处观，承认动植物、江河湖海等生态系统的内在价值，坚持经济、社会和生态的协调和可持续发展原则。较之传统污染防治法与资源管理法，生态保护法的核心在于对生态系统提供整体性保护，维护生物之间以及生物与环境之间的相互关系与存在状态，以维护生态系统结构的合理性、功能的良好性和生态过程的完整性为目标，对生态系统的诸要素采用系统的观点、进行统筹管理，从单要素管理向多要素综合管理转变，从行政区域向流域的系统管理转变，从对自然生态的统治和“善政”向“治理”和“良治”转变；应该实现对生命系统与非生命系统的统一管理，将人类活动纳入生态系统的协调管理，综合管理土地、水、大气和生物资源，公平促进其保护与可持续利用。[1]

根据图1－3统计，生态保护约占24%。由此可见，地方人民政府高度重视生态法治建设。在多个省、自治区的地方环境立法中，对生态保护方面的立法数量达到数十部，其中山东省16个地方生态保护方面的立法数量达到了38部。在生态保护相关的地方环境立法中，覆盖的种类多种多样，包括植物、动物、水、湿地、森林、公园、古树名木。在生态保护方面，虽然覆盖的种类多样，但大多数地方仍然按照本地方实际，因地制宜，进行具体的生态保护立法工作。如辽宁省鞍山市，鞍山市作为传统的重工业城市，是东北地区最大的钢铁工业城市，也是国务院批准的具有地方立法权的设区的市，鞍山市在生态保护方面的立法主要集中在生态恢复上，如《鞍山市矿山地质环境治理恢复条例》《鞍山市水土保持条例》等。《鞍山市矿山地质环境治理恢复条例》明确提出“保护和改善矿山生态环境，促进和规范本市以矿山绿色植被恢复为主的矿山地质环境治理恢复”的立法目的。鞍山市作为钢铁工业城市，将生态保护的重点放在矿产资源开发后的生态恢复。又如福建省厦门市，作为典型的旅游型城市，将立法的重点放在自然保护区、海岛环境以及湖区的环境保护，如《厦门经济特区筼筜湖区保护办法》《厦门大屿岛白鹭自然保护区管理办法》《厦门市海洋环境保护若干规定》等。所以，在生态保护相关的地方环境立法中，各地方首先考虑到的就是地方特征，因地因时制宜。

目前从各地生态保护相关环境立法的情况来看，立法呈现分散立法的状态，并不能看出系统立法、协同立法的模式。以黄河流域为例，全国人大常委会委员长栗战书在黄河保护立法座谈会上明确

---

[1] 参见蔡守秋：《简论生态法学方法论》，载《光明日报》2009年7月28日，第11版。

提出，黄河治理是一个系统工程，要按照“共同抓好大保护，协同推进大治理”要求，因地制宜、分类施策，统筹谋划、协同推进，统筹推进山水林田湖草沙综合治理、系统治理、源头治理。黄河主要流经的地区有青海省、四川省、甘肃省、宁夏回族自治区、内蒙古自治区、陕西省、山西省、河南省、山东省等省和自治区，而沿岸重要的城市有兰州市、银川市、郑州市、济南市、东营市，最后流入渤海。在上述省和自治区中，对黄河流域的生态保护相关的直接立法仅有三部，分别是山东省东营市制定的《东营市黄河三角洲生态保护与修复条例》、河南省商丘市制定的《商丘市黄河故道湿地保护条例》以及甘肃省兰州市制定的《兰州市黄河风情线大景区保护管理条例》。我国现行涉水相关法律均针对全国普遍情况制定，法律的原则性较强，对黄河保护调控功能不足，缺乏针对性和可操作性。尽管黄河现有法律已从国家、流域和地方三个层面，对黄河水资源保护管理、环境污染治理、生态保护修复以及水安全保障等方面作出了规定与指导，但因为这些立法涉及多层级、多机关、多法律关系，具有明显的部门立法、要素立法、分散立法特征，不仅缺乏针对性和有效性，而且由于各种规范的出台背景、核心内容、制度体系缺乏协同等存在诸多法律冲突。分散立法模式无法满足黄河生态保护的特殊需求，无法充分适应黄河生态保护统一、综合、系统、协同治理的特征需求。黄河地区生态保护缺乏流域立法折射出目前地方生态保护立法的分散状态，越发难以满足生态系统保护的需求。

从区域立法来看，在生态保护立法方面，立法数量最多的是山东省，然后依次是江苏省 32 部、云南省 31 部、福建省 30 部、陕西省 29 部。立法数量相对较少的省，如青海省和陕西省，地方立法数量均为 9 部，其次是吉林省、黑龙江省，地方立法数量均为 7

部，以及西藏自治区和宁夏回族自治区，地方立法数量均为 6 部和 5 部。生态保护相关立法数量最多的山东省和立法数量最少的宁夏回族自治区之间差距较大。在地方生态保护立法数量前五位的省份中，三个省份是东部沿海发达省份，而最后几位的省份中，也大部分为西部省份。以浙江省杭州市和青海省西宁市为例，杭州市作为典型的东部经济强市，地方环境立法数量总数为 11 部，西宁市共有地方环境立法数量 13 部。单就环境立法数量而言，西宁市环境立法数量相对较多。就生态保护立法方面来看，杭州市生态保护立法数量为 7 部，约占杭州市地方环境立法数量的 1/2，而西宁市生态保护立法数量为 2 部，约占西宁市地方环境立法数量的 1/6。这些差异也能体现出不同区域地理环境、发展水平以及人民群众发展偏好与需求上的差异。总体而言，沿海城市经济相对较为发达，环境立法已经从以危险预防重心的污染防治向以风险预防为重心的生态保护转向，需求也从财产权、人身权相关的环境权益实现转向了综合性、精神性环境权益。内陆城市更加关注污染防治和资源管理，关注生存权保障与经济发展。在地理层面上，浙江省、福建省、山东省等地的沿海城市海域面积辽阔、岛屿众多、海岸线绵延曲折，存在海洋生态系统、陆地生态系统、水生态系统多种生态系统。相对而言，这种生态环境更为敏感，且修复难度更大，因此需要采取系统性的风险预防手段。以浙江省为例，浙江沿海滩涂具有丰富的鸟类资源，已记载的栖息在浙江沿海滩涂的鸟类多达 54 种，其中属于国家二级重点保护的有斑嘴鹈鹕、黄嘴白鹭、白琵鹭、黑头白鹮、黑脸琵鹭等，其中黑嘴鸥等 4 种鸟类是世界性濒危物种。此外，浙江沿海滩涂的贝藻类资源更为丰富，已记载的现有贝类 421 种，约占我国贝类种数的 30%；已记载的底栖海藻 174 种，占全国藻类种数的20%，被确定为代表性的优势种有34种。[1] 因此，沿海城市对于生态保护更加重视，在地方生态保护立法方面更加细致，如《宁波市韭山列岛海洋生态自然保护区条例》《青岛市海岸带保护与利用管理条例》《三沙市西沙群岛海龟保护规定》等。地理原因与经济发展水平是导致生态保护立法差异的重要因素。

（五）地方防灾减灾类立法情况

我国国土辽阔、自然条件复杂，属于灾害多发国家；同时，我国又是民族结构复杂的人口大国。根据应急管理部统计，仅2022年上半年，我国各种自然灾害共造成3914.3万人次受灾，因灾死亡失踪178人，直接经济损失888亿元。[2] 防灾减灾事业在我国各项事业中具有举足轻重的地位，历来为党和国家高度重视。目前，我国的防灾减灾类法律法规已达30余部，在应对各类气象灾害、地质灾害、地震灾害、水旱灾害、火灾等自然灾害方面，全部实现了有法可依。立法等级不仅包括法律，还包括大量的行政法规和规章；法律类别既包括综合性法律，也包括关于防灾救灾的各项专门法规；在法律实施方面，设立了灾害应急综合协调机构，建立了较为完备的灾害信息体系，制定了纵向到底、横向到边的自然灾害应急总体预案和专项预案，形成了上下联动、军地合作、社会参与的防灾救灾工作机制。[3]

在地方层面上，全国地方立法数量为47部，占比较少。防灾

---

〔1〕参见姜渊：《浙江沿海滩涂生态保护的地方立法应对》，载《江南论坛》2018年第12期。

〔2〕《应急管理部发布2022年上半年全国自然灾害情况》，载国家消防救援局网2022年7月21日，https://www.119.gov.cn/gk/sjtj/2022/30468.shtm。

〔3〕董文勇：《以法治助力防灾减灾事业持续健康发展》，载中国法学网，http://iolaw.cssn.cn/bwsf/201505/t20150525_4633512.shtml。

减灾方面地方立法数量较多的省份是辽宁省5部和山东省5部，其次是河北省、江苏省、安徽省均为4部，海南省3部，有7个省份并无防灾减灾类地方立法。从内容来看，地方防灾减灾立法主要集中在以下两个方面：一是气象灾害，如《西安市气象灾害防御条例》《兰州市气象灾害防御条例》《海北藏族自治州防御雷电灾害条例》《乌鲁木齐市防雷减灾管理条例》等；二是由于地方特殊环境而制定的单项规范性法律文件，如《海北藏族自治州草原防火条例》《林芝市森林草原防火条例》《武威市防沙治沙条例》等。

面对高发的自然灾害，地方立法防灾减灾体系并不健全，出台气象灾害类规范性法律文件的地方屈指可数，单项灾种防治条例更是稀少。以西南民族地区为例，西南民族地区由于地形条件复杂，气候差异明显，基础设施不完善，每年因旱涝、泥石流、风灾、雨雪冰冻等自然灾害造成的经济损失居高不下，部分地区水土流失和石漠化现象严重，区域经济社会发展受到极大制约。西南地区各少数民族文化的情况与汉族地区存在巨大差异，而这样的差异与成灾机制、受灾程度等直接关联。[1]因而，西南民族地区自然灾害和防灾减灾机制建设十分重要。但是，就目前的地方防灾减灾立法情况来看，位于我国西南地区的云南省、贵州省、广西壮族自治区等地区的地方防灾减灾立法数量为零。对于西南民族地区而言，村寨聚落大都呈点状分布，不少村寨距离中心城镇较远，地理上的“边缘性”使防灾减灾工作中的信息传递、资源配置、力量集聚等方面都存在较大困难。因此，极有必要加强和完善村寨社区防灾减灾规划的设计和实施，为民族防灾减灾能力建设提供行动指南。防灾减灾的重点在于离灾、避灾、防灾，灾前的防灾减灾规划尤为重要。虽

---

〔1〕参见邵侃：《文化生态的因应协同：西南民族地区农村综合防灾减灾能力建设的行动取向》，载《原生态民族文化学刊》2022年第4期。

然目前中央制定了《自然灾害救助条例》《国家自然灾害救助应急预案》，但各地区实际情况不同，各地方对于防灾减灾的立法观念不强烈，直接导致防灾减灾方面地方立法数量不足，进而在气象灾害或者其他单项灾害发生时，各地方没有足够的法律依据应对，导致各项损失的产生。这体现了各地方目前对于防灾减灾的立法观念不够强烈，防灾减灾并不单单是灾害发生后的处理问题，还包含了灾害风险隐患排查、预警与响应联动、社会动员等机制问题。自然灾害是覆盖灾前、灾中、灾后的全方位、立体性的过程，并且灾害风险的不确定性很难仅用一部规划就终结。虽然有地方出台了综合性条例，如《西安市气象灾害防御条例》《兰州市气象灾害防御条例》等，但是就防灾减灾而言，仍然无法最大程度化解灾害风险。为此，国家减灾委员会于2022年6月印发《“十四五”国家综合防灾减灾规划》，在体制机制、抗灾设防、监测预警、风险评估、基层减灾、救灾救助等方面设定目标，引领各地各有关部门聚焦目标、突出重点，统筹谋划主要任务和重点工程，实现全国“一盘棋”，引导地方加快补齐防灾减灾基础设施短板，构建与国家治理体系和治理能力现代化相协调的自然灾害防治体系。

（六）地方文化保护类立法情况

文化保护法是为了加强对地方文化的保护，继承中华民族优秀的历史文化遗产，促进科学研究工作，进行爱国主义和革命传统教育，建设社会主义精神文明和物质文明而制定的法律规范的总称。在当前所有地方环境立法中，文化保护类立法数量相对较少，但其重要功能不容忽视。历史遗迹和文化遗产是我国的重要组成部分，是我国悠久历史、灿烂文化和文明历程的具体体现。加强对历史遗迹和文化遗产的保护，保持传统格局和风貌完整，改善基础设施和环境条件，是延续历史文化环境、塑造城市特色空间的重要内容；

是继承和弘扬中华优秀传统文化，激发群众民族精神和爱国主义热情的重要途径；是推进新型城镇化战略的迫切需要；是加快美丽中国建设的必然选择。

截至2022年7月，全国共颁布地方文化保护条例315部，基本覆盖了我国绝大多数重要的文化和自然遗产资源。我国已经在体制上形成了与现行行政体制相对应的部门分工负责的管理方式；在法律法规上，基本形成了“国际公约—国家法律法规—地方政策法规”三级框架；在规划管理上，基本形成了覆盖各类遗产地的规划体系，各类国家遗产地保护规划编制工作取得较大进展。国家遗产地保护逐步实现了有由粗放管理向制度化、法治化、科学化管理的转变。

表1-2　我国地方文化保护情况表

类别	基本情况
国家级风景名胜区	1982年国务院公布了第一批国家重点风景名胜区44个，后来又分别于1988年、1994年、2002年、2004年、2005年、2009年、2012年、2017年公布了第二、三、四、五、六、七、八、九批。截至2022年年底，经国务院公布的国家级风景名胜区共244个。
全国重点文物保护单位	1961年国务院公布了第一批全国重点文物保护单位180处，后来又分别于1982年、1988年、1996年、2001年、2006年、2013年、2019年公布了第二、三、四、五、六、七、八批。截至2022年年底，经国务院公布的全国重点文物保护单位共5058处。
国家历史文化名城（镇、村）	国务院于1982年、1986年和1994年先后公布了三批国家历史文化名城，共99座。此后，分别于2001年增补2座，2004年增补1座，2005年增补1座，2007年增补7座，2009年增补1座，2010年增补1座，2011年增补6座，2012年增补2座，2013年增补4座，2014年增补2座，2015年增补3座，2016年增补3座，2017年增补2座，2018年增补1座，2020年增补1座，2021年增补3座，2022年增补2座。建设部（现已改为住房和城乡建设部）和国家文物局于2003年公布了第一批国家历史文化名镇（村）22个，2005年增补58个，2007年增补77个，2008年增补94个，2010年增补99个，2014年增补178个，2018年增补271个。截至目前，我国共有国家历史文化名城140座、国家历史文化名镇（村）799个。

续表

类别	基本情况
国家级自然保护区	1956年我国建立了第一个自然保护区——广东鼎湖山自然保护区，截至2021年年末，我国共有国家级自然保护区474个。
国家森林公园	1982年国务院委托国家计委批准成立了我国第一个国家森林公园——张家界国家森林公园。截至2019年2月，我国共建立国家森林公园897处。
国家地质公园	我国于1985年建立了第一个国家级地质自然保护区——“中上元古界地层剖面”。截至2020年3月，国家林业和草原局和原国土资源部已正式命名国家地质公园220处，授予国家地质公园资格57处，批准建立省级地质公园300余处。
世界遗产	我国于1985年12月12日正式加入《保护世界文化与自然遗产公约》；1986年，中国开始向联合国教科文组织申报世界遗产项目。截至目前，我国世界遗产总数达到56处，其中世界文化遗产38项、世界文化与自然双重遗产4项、世界自然遗产14项。

文化保护类地方环境立法是当前所有地方环境立法中最独特也最具有地方特色的一类立法，原因在于地方文化是特定区域、民族在长期社会实践中创造的精神财富和物质财富，反映了人们所依存的自然环境、生活方式、传统习俗、文学艺术等现象，具有鲜明的地域特色和浓郁的民族风情。如洛阳市，作为中国著名的古都，居天下之中，利于天下朝贡，在洛阳建都的王朝数和建都时长，是中国所有古都里最多的。深厚的文化底蕴留给了洛阳宝贵的历史财富，这也决定了洛阳市的文化保护类地方环境立法侧重于对文物古迹、遗址、文化景观的保护，如《洛阳市历史文化名城保护条例》《洛阳市龙门石窟保护管理条例》《洛阳市隋唐洛阳城遗址保护条例》等。与之形成鲜明对比的则是杭州市，同样作为八大古都之一，杭州市一直有“人间天堂”的美誉，杭州最负盛名的就是其秀美的自然风光，而西湖又是其中代表。对于杭州而言很多自然景观的意义已经不限于景观本身，重重历史文化叠加之下，人文与自然

水乳交融。正因如此，杭州的文化保护类地方立法侧重于对自然人文景观的保护，如《杭州西湖文化景观保护管理条例》《杭州西湖风景名胜区管理条例》等。又如福州市，福州市位于我国东南，背山面海，有悠久的造船航海历史，自古是我国重要的外贸港口。软木画、脱胎漆器、寿山石雕刻艺术品作为福州市重要的出口工艺品，其特殊的制作工艺也被福州市立法予以保护，《福州市软木画技艺保护规定》《福州市寿山石雕刻技艺保护规定》《福州市脱胎漆器技艺保护规定》皆体现了福州市对非物质文化保护的重视。诸如此类还有《德州市扒鸡保护与发展条例》《揭阳市潮剧保护传承条例》《德阳市绵竹年画保护条例》等。每一部文化保护地方环境立法都体现了当地独有的文化、历史、人文风貌，独一无二。

从地域分布上看，各地级市关于文化保护的地方立法相对集中，但也呈现出东西部地区立法数量的差异。如四川省、西藏自治区和新疆维吾尔自治区仅分别颁布2部地方文化保护条例，约占全国的0.6%；宁夏回族自治区共颁布7部，约占全国的2.2%；甘肃省共颁布8部，约占全国的2.5%；江浙、两广一带全省共颁布各种类型的地方文化保护条例则超过20部。产生此种差异的原因主要基于两方面：一是西部欠发达地区地广人稀，鲜有人踏足，对古迹遗址和传统文化的破坏不甚严重，地方人民政府未予足够重视；二是我国地形呈阶梯状分布，西部地区多为高原，多年来在设施设备和日常管理上资金投入不足，技术人员匮乏，立法调研存在难度，不比东部经济发达地区，能够制定有针对性的保护条例。

从立法内容和立法结构上看，参考世界遗产的国际分类，当前我国地方文化保护立法对象可以分为纯粹的文化类和自然文化双重类，由于立法保护对象的差异性，不同类型的文化保护类的地方环境立法内容和结构也各不相同。以文化保护类地方环境立法数量最多的浙江省为例进行分析，我们可以发现文化保护，保护是此类地方立法的核心，在此基础上文化古迹、遗址、文物、历史城镇等物质类文化会更注重其研究、开发利用的功能，重要的价值在于物本身；黄酒制作工艺、围棋等非物质类文化则更注重传承和创新发展，更重要的在于匠人、艺人的传承延续。文化景观类兼具自然景观和历史文化双重特性，相比于以上两类则更强调整体的管理规划，需要根据各类保护对象分门别类，根据相应的文化遗产保护要求内容和内容，分别划定景观整体和单体的保护区划，做好相应的措施，既要保护景也要保护文化。综上可知，地方在进行文化保护类立法时应当聚焦于文化保护对象的保护和利用特点，以此来决定立法的形式和结构安排。

表1-3 浙江省文化保护类地方立法结构

类型		立法结构	地方立法
物质类文化类	文化古迹、建筑群、遗址	管理体制、保护规划、保护和管理、研究利用、法律责任	《温州市泰顺廊桥保护条例》《丽水市大窑龙泉窑遗址保护条例》《湖州市太湖溇港世界灌溉工程遗产保护条例》
	文物	管理体制、文物保护、收藏管理利用、法律责任	《杭州市文物保护管理若干规定》《宁波市文物保护管理条例》
	历史城镇街区	保护名录、保护规划、保护措施、监督检查、法律责任	《宁波市历史文化名城名镇名村保护条例》《绍兴古城保护利用条例》
非物质文化类	传统知识技能	保护与传承、教育与普及、交流与提高、融合与发展、法律责任	《衢州市围棋发展振兴条例》
	手工技能	保护传承、创新发展、监督管理、法律责任	《绍兴黄酒保护和发展条例》

续表

类型		立法结构	地方立法
文化景观类	风景名胜	规划、管理、保护、建设、法律责任	《杭州西湖风景名胜区管理条例》《杭州西湖文化景观保护管理条例》

（七）地方综合类立法情况

地方综合类环境条例，是指为了加强城市市容管理，创造整洁、优美、文明的城市环境而制定的法律规范的总称。在当前所有的地方环境立法中，地方综合类立法数量位列第三，共有388部，约占所有地方环境立法的18%，主要包括绿化以及市容和环境卫生两个方面，其中与绿化相关的共有121部，约占地方环境综合类立法的31.2%；与市容和环境卫生相关的共有146部，约占地方环境综合类立法的37.6%。由此可见，上述两类是我国综合类地方立法的重点。

综合类地方环境立法本质上体现的是我国对于生态文明建设的重视。改革开放以来，我国环境保护意识日益清晰。1978年，党的十一届三中全会开始规划制定森林法、草原法、环境保护法等法律。1983年12月，第二次全国环境保护会议召开，确立环境保护为我国必须长期坚持的一项基本国策。1992年里约热内卢召开的联合国环境与发展大会上通过了《里约热内卢环境与发展宣言》和《21世纪议程》等文件，提出把可持续发展的思想作为世界经济与社会发展中共同遵守的原则。可持续发展理念的提出对中国产生了深远的影响，此后，我国的生态文明建设进入可持续发展阶段。1992年6月，国务院发布了第一部《城市市容和环境卫生管理条例》和《城市绿化条例》。同年8月，国务院又批准发布了“中国环境与发展的十大对策”，其中第3条提出“深入开展城市环境综合整治”，第9条提出“健全环境法制，加强环境管理”[1]，再次重申了城市环境综合治理以及加强环境法制的重要性，此后全国各地陆续开展综合类地方环境立法工作。2015年立法权下放地方，综合类地方环境立法作为地方环境保护、管理基础性的环节，成为新享有立法权的城市重要的立法领域，立法数量飞跃式增长。

从地域分布上看，综合类地方环境立法制定数量最多的是广东省，共有34部，约占全国地方环境综合类立法的8.8%；其次是河南省，共有31部，约占8%；然后是山东省，共有27部，约占7%；辽宁省，共有23部，约占5.9%；浙江省，共有21部，约占5.4%；江苏省，共有20部，约占5.2%；福建省、云南省和四川省各有19部，约占4.9%；河北省和山西省各有18部，约占4.6%；吉林省和湖北省各有17部，约占4.4%；内蒙古自治区和贵州省各有15部，约占3.9%；安徽省和广西壮族自治区各有14部，约占3.6%；青海省，共有12部，约占3.1%；甘肃省，共有11部，约占2.8%；最后是黑龙江省、江西省、新疆维吾尔自治区和海南省，分别有8部、7部、7部、2部，约占2.1%、1.8%、1.8%、0.5%。整体呈现由东至西总数逐渐减少的趋势，在区域分布上和我国经济发展水平变化趋势基本重合。综合类地方环境立法与生态保护类和自然资源类地方环境立法不同，更多地体现了当地对于生态环境问题的态度和认识。

综合类地方环境立法内容涵盖范围广、条文丰富而翔实。城市绿化和市容环境作为综合类地方环境立法的重要组成部分，以区域经济发展水平为标准并结合第六届文明城市名单，从东部发达地

[1]《我国环境与发展十大对策》，载《环境保护》1992年第11期。

区、中部次发达地区、西部欠发达地区各选取一个城市的条例进行对比。宁波市、湘潭市、广安市分别位于浙江省、湖南省、四川省三个不同地区，代表不同经济发展水平，且上述地区的城市市容和环境条例以及城市绿化条例皆为新制定或新修订的立法，具有很强的参考意义，因此对其制定的条例进行比较。从立法结构上看，可以发现城市市容和环境方面的地方立法重点主要包括市容市貌、环境卫生和法律责任三方面，在此基础上各城市依据地方需要进行细化，如宁波市增加了“市容环境卫生责任”“环境卫生设施建设与管理”“执法监督和保障”三部分，且在“市容管理”和“环境卫生管理”部分进一步分节细化，湘潭市只增加了“市容环境卫生责任区制度”部分。在城市绿化方面，规划和建设、保护和管理与法律责任是地方城市绿化立法的重点，在此基础上，宁波市和广安市增加了绿化指标部分，湘潭市增加了“监督和检查”部分。相对而言，变化比较大的为广安市，广安市除了增加“绿地绿化指标”，还对城市绿化进行分类，然后结合保护和管理部分内容分别规定成章，与上位法结构有较大的不同，颇具地方特色。总体而言，各城市综合类地方环境立法基本是在上位法的基础上进行细化，同时依据地方需要因地制宜地增加相应的措施和规定，经济发达的城市地方特色也许不够明显，但在一些具体规定的规定上相比其他地区会更细化且具有系统性。

综合类地方环境立法作为地方环境立法中重要的一部分，立法数量仅次于生态保护类和自然资源类，但却常常被有意无意地忽视。然而，当前环境已成为决定和影响一个地区综合竞争力的关键因素，加强城市管理，改善城市环境重要性不言而喻。作为城市环境治理的基础，综合类地方环境立法发挥着不可替代的作用。由于经济发展水平以及城市治理能力的不同，各地区综合类地方环境立法也存在较大的差异，在结合地方需要和特色的基础上，不同城市可以相互借鉴其他城市先进的管理制度以达到取长补短的效果。

表 1－4 不同城市立法结构差异

城市	市容和环境卫生	城市绿化
宁波市	第一章 总则 第二章 市容环境卫生责任 第三章 市容管理 第一节 建筑物、构筑物容貌管理 第二节 道路容貌管理 第三节 户外广告设施及非广告户外设施容貌管理 第四章 环境卫生管理 第一节 公共场所环境卫生管理 第二节 生活垃圾管理 第三节 建筑垃圾管理 第五章 环境卫生设施建设与管理 第六章 执法监督和保障 第七章 法律责任 第八章 附则	第一章 总则 第二章 绿化指标 第三章 规划和建设 第四章 保护和管理 第五章 法律责任 第六章 附则
湘潭市	第一章 总则 第二章 市容环境卫生责任区制度 第三章 市容管理 第四章 环境卫生管理 第五章 法律责任 第六章 附则	第一章 总则 第二章 规划和建设 第三章 保护和管理 第四章 监督和检查 第五章 法律责任 第六章 附则
广安市	第一章 总则 第二章 市容市貌 第三章 环境卫生 第四章 法律责任 第五章 附则	第一章 总则 第二章 绿地绿化指标 第三章 城市公园绿地绿化 第四章 其他绿地绿化 第五章 名木古树大树特别保护 第六章 法律责任 第七章 附则

第二章

地方环境立法的功能定位

立法是法治的前提，是法得以实施的源头。通过立法有针对性地解决社会问题，能够有效平衡各方利益。立法不仅同政治、经济、伦理道德相互联系，还是有效实现社会治理的重要手段。地方立法不是存活在真空之中，而是社会运转的一部分，能够对社会问题作出有效回应。

当代国家的治理关键在于地方治理，充分发挥地方立法在地方治理中的功能和作用，对建设法治国家具有重要意义。[1] 地方环境立法是环境法治的依据和前提，围绕地方环境治理的功能定位是立法的应有之义。我国人口众多，地域广袤，地区发展不平衡，各地环境问题差异巨大，国家层面的立法难以有效落实在地方层面。地方环境治理的复杂性和各地区环境差异性是目前地方环境立法面临的挑战。

地方环境立法以解决问题为导向，从社科法学的角度将法律规范视野之外的各类要素纳入立法的考量范围，从而实现立法目的；通过多方位、多层次的环境立法，来实现环境立法功能。地方环境立法的功能定位并不盲目强调法律内生问题，而是将法律看作社会的一个组成部分，从而将“什么是法律”的问题，放到“什么是社会”这个更根本的层

[1] 参见王亚利、岳雪峰：《地方立法治理功能的困境与出路》，载《山西高等学校社会科学学报》2022年第5期。

次中进行观察和思考，既通过法律了解社会，也通过社会理解法律。[1] 环境的复杂性决定了法律作用的局限性，将法律系统放到社会系统中，能够有效地从制度安排的角度以立法形式来影响地方环境治理。

功能是一个必须在整个社会系统的层面上来解决的问题。从最抽象的意义上来说，即使最为复杂的系统也都是化约后单个系统所构成的复杂体的集合。但由于系统的复杂性在不同的面向上并不相同，因此不同功能子系统的各自功能定位也不同。[2] 地方环境立法在功能定位上存在不同社会层次上的差异，由于各环境问题所处的系统有各自的复杂性，导致了地方立法在不同的地域、文化、经济中有不同的功能定位。在这个意义上，功能定位需要求同存异，在差异中把握共性，并基于地方环境与资源的实际情况，从整体性角度将地方环境保护放在地方立法的语境中进行展开，而不局限于地方立法的一般性功能。环境问题所处的系统和层次是多方面的，地方环境立法强调了环境和法律之间的关系，但若要厘清地方环境立法的功能定位，则应当把立法作为出发点围绕着环境要素进行分析。地方立法虽然可以对环境问题造成一定程度的影响，但是只能通过结构耦合的形式对环境系统产生影响。也就是说，地方立法通过法的形式实施了具体的环境保护行为，但是对于环境保护的措施而言，是间接所起到的效果，立法功能的实现取决于法律内容的好坏，而内容本身需要立法得以展现，因此立法的重要性不言而喻。但地方环境立法功能的定位，不能一味地夸大立法对环境所产生的影响。立法无法超越法律规范本身的内容，地方立法功能的发挥具

---

〔1〕 参见泮伟江：《功能分化理论视野下法律的自主性》，载《荆楚法学》2022 年第 3 期。

〔2〕 参见泮伟江：《功能分化理论视野下法律的自主性》，载《荆楚法学》2022 年第 3 期。

有自身的局限性，不可能仅通过立法的形式就彻底解决环境问题，需将环境立法功能界定在有效范围内。从工具主义法律观的角度，把立法作为一种治理手段，合理地运用其优势和特长，根据法律的内在特征来解决问题，这是必要的。地方环境立法的功能主要包括以下几个方面：

一、先试先行，立法探索

"在法治社会中，法律是制度性和普遍性规范，政策是工具性和特殊性规范。"[1]在我国地方环境立法的进程中，国家环境政策发挥着重要的作用，作为工具性和特殊规范，自上而下地影响环境法治的立法进程及效用。尽管在当下，环境政策同环境立法的边界还存在模糊的界限，在环境立法的同时既要遵循国家政策的引导，也要防范政策恢宏叙事的论调。就地方环境立法而言，有效界定环境政策与环境法律间的差异，有利于明晰地方治理的主要任务和功能，使地方环境治理在政策的引导下，先试先行地发挥其立法探索的功能。

自中华人民共和国成立起，工业化兴起使环境保护问题逐渐引起人们的注意。在这一过程中，国家环境政策起到了切实的作用。截至 1978 年，我国环境保护工作主要依赖国家行政主管部门或党的相关部门出台的"技术标准""红头文件"等政策性规范。如 1956 年卫生部和国家建委联合颁发的《工业企业设计暂行卫生标准》，1957 年国务院第三、第四办公室发布的《注意处理工矿企业排出有毒废水、废气问题的通知》，1960 年中共中央批转建筑工程部党委的《关于工业废水危害情况和加强处理利用的报告》等。相

[1] 参见胡平仁：《法律政策学的学科定位与理论基础》，载《湖湘论坛》2010 年第 2 期。

较而言，专门的法律意义上的环境保护制度规范基本处于空白状态。[1] 这表明，早期，国家环境政策在我国的环境治理中起到了重要的作用，不仅为环境法律法规的缺失填补了空白，也起到了引领环境立法、高效整合环境治理措施的作用。环境法律以其调整功能的稳定性来实现环境法治的目标，而环境政策多以措施、手段的灵活性来实现环境法治的目标。[2] 在缺少环境类法律法规手段的情况下，通过政策的灵活性来加以最大化地实现环境治理，是当时的国家历史环境导致的。政策工具的优势体现在解决各种行政性、社会性问题过程中所凸显出的灵活性特征。比如，1984 年出台的《水污染防治法》虽经多次修改，但仍然难以满足变革时期水污染防治工作的需要。2015 年出台的“水十条”成为适应当下水污染防治工作的重要政策依据。[3]

随着法治建设的快速推进，政策、红头文件非正式方式受到严格限制，地方治理很大程度上依赖地方立法。[4] 地方环境立法的完善，使治理成效不断稳固扩大，环境治理手段逐渐丰富，相关职责也落实到了实处。环境政策与环境法律作为我国环境保护最为重要的两种制度工具，二者相互交织、共生共济，构建了中国环境法治的实践图景[5]。环境法律政策化是环境政策与环境法律之间有效衔接和互动的重要途径。在环境法治深入推进的现代社会，不同制

---

〔1〕参见郭武、刘聪聪：《在环境政策与环境法律之间——反思中国环境保护的制度工具》，载《兰州大学学报（社会科学版）》2016 年第 2 期。

〔2〕参见郭武、刘聪聪：《在环境政策与环境法律之间——反思中国环境保护的制度工具》，载《兰州大学学报（社会科学版）》2016 年第 2 期。

〔3〕参见郭武、刘聪聪：《在环境政策与环境法律之间——反思中国环境保护的制度工具》，载《兰州大学学报（社会科学版）》2016 年第 2 期。

〔4〕参见余凌云：《地方立法能力的适度释放——兼论“行政三法”的相关修改》，载《清华法学》2019 年第 2 期。

〔5〕参见郭武、刘聪聪：《在环境政策与环境法律之间——反思中国环境保护的制度工具》，载《兰州大学学报（社会科学版）》2016 年第 2 期。

度工具之间的功能互补已是非常必要。环境政策与地方环境立法之间相互拟合，一方面，政策在大方向上给地方环境立法进行指导，通过政策影响其理念、导向。如党的十八届四中全会通过的《中共中央关于全面推进依法治国若干重大问题的决定》中的生态文明、循环发展等理念促进了政策性环境立法——2014 年《环境保护法》修订案的顺利出台。[1] 另一方面，通过地方环境立法将地方的经验和治理模式自下而上进行推广，在国家环境政策覆盖的前提下，使地方环境立法得以有序展开，加快了地方环境立法乃至国家环境立法的进程。因此，政策作为自上而下的先行策略起到了不可替代的作用。

在环境法治五十年的发展过程中，我国环境保护法律制度建设实现了从无到有、从碎片化到统一化的根本转变。除《宪法》和《环境保护法》以外，有关环境污染防治的《水污染防治法》《大气污染防治法》《海洋环境保护法》《固体废物污染环境防治法》《噪声污染防治法》《环境影响评价法》等“六法”及相关规范性法律文件的制定，《草原法》《森林法》等有关自然资源开发利用与保护的自然资源类立法都在这一时期完成。其中多部法律还经过了一次或多次的修改完善。以环境法律制度为基础，真正意义上的中国环境法治在这一时期才慢慢开启。[2] 政策法律化的转向使地方环境立法获得了极大的发展空间，地方环境治理真正意义上可以聚焦于地方环境问题的解决。

《立法法》第 82 条第 2 款中规定：“除本法第十一条规定的事项外，其他事项国家尚未制定法律或者行政法规的，省、自治区、

〔1〕 参见郭武、刘聪聪：《在环境政策与环境法律之间——反思中国环境保护的制度工具》，载《兰州大学学报（社会科学版）》2016 年第 2 期。

〔2〕 参见郭武、刘聪聪：《在环境政策与环境法律之间——反思中国环境保护的制度工具》，载《兰州大学学报（社会科学版）》2016 年第 2 期。

直辖市和设区的市、自治州根据本地方的具体情况和实际需要，可以先制定地方性法规。”在当代中国这样一个特殊的改革与转型时代，社会情势变化迅速，全国性立法“试错”的成本极大，制度形成的周期也较为漫长，稳定性、成熟性的全国性法律一时难以制定。相形之下，地方在进行立法试验和制度创新时有着无可替代的优势。[1] 地方“先行先试”进行立法，能够为突出地方立法的特色立法、制度创新、可行性强等特点提供机会，然后进行中央统一立法便可建立在吸取地方立法先行经验的基础上。[2]

地方环境立法是指导地方环境治理，推动地方经济与环境相协调的制度性保障，在国家统一法治的前提下充分发挥地方性立法的主动性和积极性，“把顶层设计同先行先试、探索创新结合起来，引领推动相关领域改革”是地方环境立法价值的体现[3]。环境保护作为新兴法律部门，不同于传统法律部门的立法范式，环境保护立法需要考虑更多社会性因素，立法往往“牵一发而动全身”，很难预料立法的实施效果。由此，“先试先行”作为地方环境立法有其必要性，不仅可以降低立法成本，同时可以开创性地保护环境，减少参照传统法律的保护路径依赖，开发出专属于环境法的解决路径，设计出新的环境保护制度、规范。

在我国立法实践中，先行立法主要分为两类：一类是该事项尚无全国立法的必要，地方需要对该事项进行立法规制；另一类是该事项需要地方先行立法为中央立法提供经验。两者都可以为中央立

---

〔1〕 参见封丽霞：《认真对待地方法治——以地方立法在国家法治建设中的功能定位为视角》，载《地方立法研究》2016 年第 1 期。

〔2〕 参见徐娟：《地方立法的治理功能及其有效发挥》，载《学术交流》2019 年第 5 期。

〔3〕 参见李小强、史玉成：《地方环境立法的困境与出路——以甘肃省地方环境立法为例》，载《兰州文理学院学报（社会科学版）》2018 年第 1 期。转引自王建鸣、滕鑫曜、郑文金：《地方立法引领推动改革研究——以湖北省的实践为例》，载《地方立法研究》2017 年第 2 期。

法积累经验，打下基础。[1] 前者是地方立法机构就本地性的事务进行地方立法，无须将地方性立法的经验进行推广适用。原因首先在于地方性事务的差异化会导致就算将地方性法规推广了，其他地区也是没有适用条件的情形出现；其次在于突出“先试”的功能，地方性环境问题的解决往往没有上位法予以指导借鉴，需要发挥地方立法的优势有针对性地解决，倘若都需要依据上位法进行解决，没有凭借地方立法“小快灵”地解决，那么地方立法也就失去其立法意义。后者是通过地方立法试点，将有效的立法经验和相关法律制度在一个地区进行“先试先行”，在确实有效后再进行全国性的推广。例如，内蒙古自治区在制定《草原管理条例》的过程中，针对内蒙古草原的实际状况和牧业生产发展的水平，明确规定原来为全民所有但长期归集体使用的草原划归集体所有，从而实现了草原所有制的一项重要改革。该条例的颁布实施充分体现了当地少数民族的特点，使草原的所有权与使用权得到了统一，因而极大地调动了广大牧民的生产积极性，为保护和建设草原，稳定和促进牧业生产，维护牧民的合法权益，提供了可靠的法律保障。[2] 这表明地方先行试点可以有效降低国家立法成本，通过地方性有效经验的共性将其推广到全国，降低立法的容错率，有助于提高我国立法质量，维护法治和谐统一。在地区性的政策及措施确实有效的前提下，通过地方立法加以固化，以法律的形式得到普遍化的遵守，对于明确权利义务和行政职权也有重要的意义。

---

[1] 参见盛纬：《论我国地方立法在国家立法中的地位和作用》，载《政法论坛》1987年第3期。

[2] 参见盛纬：《论我国地方立法在国家立法中的地位和作用》，载《政法论坛》1987年第3期。

二、细化国家立法，强化可操作性

地方环境立法通过细化国家立法，将地方环境纳入环境保护的体系当中，根据本土化特色进行立法的延展，把国家立法由粗变细，应用于地方环境的实践治理，来解决现实的环境问题。地方环境立法作为下位法，遵循法治统一原则，不能同上位法相抵触，以地方环境治理作为立法目的，围绕着上位法的立法原则与立法精神，通过细化的方式来弥补上位法固有的缺憾和不足，使地方行政机关就上位法的不足之处进行实务性的立法，确保环境保护措施高效的实施。

目前，我国地方环境立法依然存在“实施性立法原则化，创造性立法空白化”的缺点。在地方环境立法中，存在对中央环境立法照搬照抄现象，地方特色和地方特征不足、规定过于原则等问题，从而导致地方环境法治效果不彰。[1] 以某市生活垃圾分类管理条例为例，首先，在环境立法总则层面，往往存在宣示性的口号，其原则条款规定“生活垃圾分类管理应当遵循政府推动、全民参与、城乡统筹、属地负责、因地制宜、简便易行的原则，提高生活垃圾减量化、资源化和无害化水平”，并未进行具体规定。其次，存在鼓励型条款，难以具体落实而成为僵尸条款。某市条例规定“鼓励采用‘互联网+回收’、智能回收等方式，增强可回收垃圾投放、交售的便捷性”。此种鼓励型条款若规定相应的激励措施，则缺乏相应的可操作性。最后，法律责任不明确，可操作性较差。如某条例规定“各级人民政府、生活垃圾分类主管等有关部门及其工作人员违反本条例规定，未履行生活垃圾分类监督管理职责，或者有其

[1] 参见李小强、史玉成：《地方环境立法的困境与出路——以甘肃省地方环境立法为例》，载《兰州文理学院学报（社会科学版）》2018 年第 1 期。

他滥用职权、玩忽职守、徇私舞弊行为的，依法给予处分”。其缺陷在于未明确“未履行职责”行为类型。又如，某条例规定“生产经营者未遵守限制商品过度包装的强制性标准的，由县级以上人民政府市场监督管理部门或者有关部门责令改正；拒不改正的，处二千元以上二万元以下的罚款；情节严重的，处二万元以上十万元以下的罚款”。其条款并未就具体的罚款数额合理地进行区分，两千元到十万元的区间使行政裁量权过大，缺少裁量基准和理由情形。前述地方立法中存在的问题使地方环境立法活动固化，失去其应有的地方特色和应对地方环境问题的灵活性，[1]导致地方立法难以有效地结合地方性的现实问题，难以贯彻中央政策和地方法治的基本要求。如果上位法原则性的规定无法通过下位法进行细化，那么立法目的将无法实现。

就本土的环境保护而言，单纯依靠国家立法对环境保护关系进行调整是不现实的，地方难以依据原则化的上位法依据来进行补充，上位法也难以通过细致化的规定来统筹各个地方性的立法事务。因此，地方立法主体通过相应的立法权限就地方性环境事务进行立法，是解决实际问题的应有之义。通过各地区的地方环境立法，使环境保护的立法逐渐丰满起来，突出“特色立法、创新立法”的本土特色，以切实有效的“小快灵立法”满足实际的地方环境保护需求。《宪法》第 3 条第 4 款规定：“中央和地方的国家机构职权的划分，遵循在中央的统一领导下，充分发挥地方的主动性、积极性的原则。”“地方的主动性、积极性”在近年来得到充分的诠释，并被作为激发地方活力、促进改革开放和实现地方分权

---

〔1〕参见李小强、史玉成：《地方环境立法的困境与出路——以甘肃省地方环境立法为例》，载《兰州文理学院学报（社会科学版）》2018 年第 1 期。

的制度基础。[1] 地方环境立法越细化，可操作性则越强，使环境保护的措施和责任也能更加具体到个别的部门，以实现具体环境保护目的。地方环境立法作为环境保护的前线立法，以环境治理为中心进行展开，通过立法规定环境治理中的各项措施，其主要功能在于作为国家立法的辅助和具体化实现，弥补国家立法在地方上适用的缺陷，这就使地方性法规的内容应适应地方的实际情况，解决本行政区域的实际问题。[2] 例如，2018 年烟台市为应对水资源缺乏日益严重的情况颁布了《烟台市节约用水条例》，该条例结合烟台市地理环境充分利用雨水、海水、再生水、建筑基坑水等非常规水，纳入水资源统一配置，对再生水利用设施和雨水收集设施的配套建设、合理开发利用地下水、鼓励海水淡化等内容作出了规定，为缓解水资源短缺提供了对策。设区的市地方立法弥补和完善了国家和省级立法的不足，为促进和保障地方经济社会和谐稳定与发展提供了坚实的法治保障。[3] 烟台市的地方立法有针对性地根据地方特有的地理环境作出了相应的水资源回收循环方案，不仅围绕着环境法的各项原则，同时也对本土化的地方环境保护作出了精细化的规定，具有可操作性。

三、因地制宜，实现地方环境治理针对性

由于我国自然地理环境、经济基础等差异，各地方立法上存在明显差异。地方治理类型的环境立法作为地方环境保护的重要手段，必须结合地方特色，因地制宜，明确环境治理的立法目的和功

---

〔1〕 参见王建学：《中央的统一领导：现状与问题》，载《中国法律评论》2018 年第 1 期。

〔2〕 参见魏治勋、刘一泽：《地方立法的“地方性”》，载《南通大学学报（社会科学版）》2020 年第 6 期。

〔3〕 参见李玄：《设区的市地方立法事项范围研究》，载《人大研究》2018 年第 8 期。

能，确保地区生态环境的可持续发展，围绕环境治理建设配套的立法措施，建立有序的立法机制，提高地方环境立法的效率。

进入20世纪90年代后，各省、自治区、直辖市和有地方立法权的城市纷纷总结地方环境立法的经验教训，在地方环境立法的地方化、具体化上下功夫，克服以往地方环境立法的缺点，为我国环境保护事业的繁荣和发展提供了切实有效的地方环境法治保障。[1]地方立法的生命力在于突出地方特色，不同中央立法相冲突，使国家权力有序下放地方，在地方权力限制范围内的前提下，逐步实现地方治理和地方社会控制的目标。

从地理的角度上看，各地在自然与人文地理环境上的差异使地方立法时不得不考虑当地的地方问题和地方特色。幅员辽阔是我国最显著的地理特征之一，辽阔的疆域带来的是各地方在自然地理特征上的巨大差异：从地形上看，我国地形多样，五种基本的陆地地形在我国均有分布；从气候上看，我国南方与北方、东部与西部气候差异巨大，存在从热带到寒带差异明显的气候类型；从资源分布上看，我国各类资源品类繁多且分布极其不均匀。自然地理环境在整体上的“厚薄不齐，分布不均”反映在局部上，即表现为地区之间资源禀赋的巨大差异性。[2]地方立法能力和质量的提升有赖于地方立法的特色性，因此立法要因地制宜，深入实际调查，发掘本地特色，结合具体问题开展。各地区的环境差异导致了治理手段的区别，也决定了地方环境立法所要调控的环境目的不同。

地方环境立法需要通过突出地方特色来回应地方治理下的差异化所导致的立法多样化需求。马克思说过：“立法者应该把自己看

---

〔1〕参见李广兵：《可持续发展与地方环境立法》，载吕忠梅、徐祥民主编：《环境资源法论丛》（第3卷），法律出版社2003年版。

〔2〕参见魏治勋、刘一泽：《地方立法的“地方性”》，载《南通大学学报（社会科学版）》2020年第6期。

作一个自然科学家。他不是在创造法律，不是在发明法律，而仅仅是在表述法律。”地方环境立法必须考虑地区性问题。全国人大常委会多次强调了地方立法凸显“地方性”特色、立法要“因地制宜”、要“避免重复上位法”等问题，可见地方立法中的“地方性”的重要意义，有学者甚至指出“体现地区特色”是地方立法的“正当性基础”。[1] 地方环境立法的“地方性”在于本土化的地理环境资源，围绕着环境问题通过地方立法进行治理，是“因地制宜”的应有之义。

2015年《立法法》修订后，地方立法积极探索与实践，在推动地方治理能力现代化方面起到了重要作用。但检视地方立法的具体实践，立法质量良莠不齐，在促进地方治理功能方面仍存在诸多困境。[2] 尽管明确了“因地制宜”的基本理念，但是具体到实施领域仍有待加强。地方环境立法要切实地面对环境问题进行立法，加强本土特色。环境的差异化、本土化，导致了对不同环境问题有不同的解决方案，所要调配的立法资源也有所不同。同样的垃圾问题，有的地方是厨余垃圾，有的地方是建筑垃圾，不可能用同一套地方垃圾处理的立法模板来解决。地方立法有特色的原则承载着巨大的法治功能，针对地方化问题的立法不足，如果缺乏切合实际且富有针对性的地方立法，不仅不能满足区域差异化发展的诉求，更无法完成中央决策和法治决策地方化的治理任务。[3] 地方环境立法需要实际地解决环境问题，通过地方立法机关在对本地政治、经

---

〔1〕参见魏治勋、刘一泽：《地方立法的“地方性”》，载《南通大学学报（社会科学版）》2020年第6期。原文转自卢护锋：《设区的市立法的精准化路径：基于立法选题的思考》，载《政治与法律》2019年第3期。

〔2〕参见王亚利、岳雪峰：《地方立法治理功能的困境与出路》，载《山西高等学校社会科学学报》2022年第5期。

〔3〕参见王亚利、岳雪峰：《地方立法治理功能的困境与出路》，载《山西高等学校社会科学学报》2022年第5期。

济、文化、环境等各方面现实情况进行充分分析的基础上，将本地人民的利益诉求通过一定的立法技术进行适当的表达。地方立法来源于基层，服务于群众，地方性法规应当将解决实际问题作为出路。随着法治社会建设进程的推进和立法质量的提升，是否体现地方特色已经成为衡量一部地方性法规质量的关键标准。[1] 地方的环境立法质量根植于地方环境特色，一旦失去地方特色，地方环境立法将无法起到预期的作用，甚至会破坏原本的环境状况。同时，地方立法还需要强调本土地域的特征，关注本土的人文环境、地理资源、自然环境等要素，通过立法合理地规划利用具体实践中的环境问题，平衡经济与环境之间的关系，结合当地居民的生产生活方式，绿色科学地利用本土环境资源，将环境保护的各项要素纳入地方环境立法中，来满足本土的环境立法需求。

四、环境法体系化的基石

环境法作为一个独立的部门法或领域法，是且应当是一种体系化的存在。它既是一个由环境法律规范构成的静态规则体系，也是一个追求环境法体系向逻辑化和科学化发展的动态过程。一般来说，克服环境立法碎片化的目的，是在部门法意义上实现环境法体系化。[2] 地方环境立法作为环境法体系的重要组成部分，承担着构建环境法律关系的重要任务，地方环境立法在环境法的整体框架下，规范着自身内部的体系化要求，并“以点带面”地完善、填补环境法体系的整体脉络。地方环境立法作为环境法体系化的基石，应当从环境法整体思维的角度展开立法，从而维护环境法体系的统

---

〔1〕 参见徐娟：《地方立法的治理功能及其有效发挥》，载《学术交流》2019 年第 5 期。
〔2〕 参见杜群、丁宁：《环境法法典化中自然资源法的定位与展开》，载《北京航空航天大学学报（社会科学版）》2022 年第 3 期。

一性。

在全国人大及其常委会立法中，环境立法超过立法总量的1/10,已经制定了35部环境法律。[1] 尽管可能还存在一些立法空白，但环境保护基本制度、污染防治制度、自然资源利用制度和生态保护制度等都已有法律规定，环境法律体系的基本框架已经建立。从数量看，全国各地已经制定了数量庞大的地方性环境法规，基本建立了环境法律的实施性规则体系，而且创制了不少环境法律制度的具体规则。[2] 我国地方环境立法在数量上形成了一定的规模，但在实践中依然存在环境地方立法在功能定位上的偏差，使地方环境立法没有起到应有的治理作用。

通过体系化的要求，使地方环境立法纳入统一的调整范围内，明确环境治理的功能定位来把握立法质量。地方环境立法从属于环境法体系，但目前碎片化的地方环境立法难以构建有效的环境保护制度。例如，地方立法难以有效地进行跨区域环境治理、地方环境差导致立法偏差等，使各地的环境保护问题在指导方针和立法目的上存在较大的差异，无法发挥应有的作用。强调地方环境立法的体系化，并不排斥特定环境问题的解决，而是力求在更高的层面统一立法，明确治理功能，实现环境法体系上的概括和凝练，来最终实现地方环境治理的立法任务。

---

〔1〕 截至2021年12月25日，全国人大官方网站公布的现行有效或者即将生效的法律共290件，其中环境法律共35部，占比12.1%。对于环境法律的范围有着不同观点，本书的统计既包括污染防治法、生态和自然资源保护法等典型的环境立法，也包括《防震减灾法》《土地管理法》等与环境保护密切相关的法律。

〔2〕 参见刘长兴：《中国环境立法年度观察报告（2021）》，载《南京工业大学学报（社会科学版）》2022年第2期。原文引自根据北大法宝地方法规数据库的资料，截至2021年12月31日，现行有效的地方性法规共计17259件，其中环境保护类1287件、资源类626件、能源类109件，三类共计2022件，占比超过11.7%，与国家法律中环境法律占比相近。上述地方性法规包括了各类决定等，具体分类也存在一定模糊和交叉，但占比数据可以说明地方环境立法是地方立法的重要方面。

地方环境立法功能定位着眼于本土化的环境治理，但各地环境差异大，同行政区域划分之间的关联性较差，导致了地方环境立法的效力范围往往着眼于本土环境，而忽视了各地之间生态环境的关联。从局部上看，地方环境立法需要聚焦于区域环境保护，制定出因地制宜的良法；从整体上看，地方环境立法应加强环境法体系建设，通过体系化的法律法规制定出跨区域、跨地方的生态保护模式。

从法律文件数量特别是环境法律和行政法规的数量来看，全国性的环境立法呈现主题分散、内容分离的特征；但是，将不同效力层次的全国性环境立法放在我国环境法发展历史和环境法律体系中观察，仍可发现国家环境立法发展的体系化发展方向日渐明确。[1]地方环境立法作为我国环境立法体系中的最后且最重要的一环，是立法得以有效施为的必要途径。但由于立法的天然滞后性和各地情况的复杂多变，全局性的中央立法无法切实照顾地方需求、解决地方存在的具体问题。因而，国家治理体系和治理能力现代化的实现就需要完善地方立法的立法体系，提高地方立法的立法质量。[2]通过地方环境立法的体系化来确保地方立法的稳定性、整体性，同时强调总则对所有环境法律关系领域的各类环境利用行为的统一指导性和统一适用性[3]，降低环境法价值多元化所导致的立法倾向的无序。地方立法在体系化的框架下有序地进行，使地方立法在基本原则和一般规则的约束下进行展开，有利于明确地方环境立法的立法目的和依据、适用对象和范围，厘清不同种类地方立法规范之

---

〔1〕 参见刘长兴：《中国环境立法年度观察报告（2021）》，载《南京工业大学学报（社会科学版）》2022 年第 2 期。

〔2〕 参见徐娟：《地方立法的治理功能及其有效发挥》，载《学术交流》2019 年第 5 期。

〔3〕 参见汪劲：《论中国环境法典框架体系的构建和创新——以中国民法典框架体系为鉴》，载《当代法学》2021 年第 6 期。

间的适用关系。

法律是整体性、体系性的存在，对法律的理解、解释和运用需要在体系思维中展开。法律体系是组成完整的法律规定，要消除“体系违反”，使法律完整顺畅无逻辑矛盾，从而维护法律的统一性。[1] 环境法作为一个独立的部门法，通过立法的体系化将纷繁复杂的法律规范从静态规范体系向着动态环境治理的方向不断前行，通过明晰环境立法的功能定位，克服各地方立法的碎片化程度，提高地区立法质量并使其规范化，是保证环境法体系化的必要条件。

随着环境立法体系的完善和构建，综合性生态环境保护立法减少，并且主题转变为生态文明建设，说明在国家环境法律基本完备的条件下，地方层次特别是设区的市已无必要制定综合性的生态环境保护法规，细分领域的立法才应当是地方环境立法的基本模式。[2] 地方立法作为环境法体系化的重要一环，承担着“最后一公里”的治理使命，通过各地区的环境立法来共同构建具有逻辑性、规范性的环境法体系。

---

[1] 参见杜群：《环境法法典化中自然资源法的定位与展开》，载《北京航空航天大学学报（社会科学版）》2022 年第 3 期。

[2] 参见刘长兴：《中国环境立法年度观察报告（2021）》，载《南京工业大学学报（社会科学版）》2022 年第 2 期。

第三章

地方环境立法的理由与资源分配

地方立法资源是有限且宝贵的资源，哪些立法应当被纳入年度立法计划，并在本年度表决通过，需要充分理由。在地方立法中，立法的理由与资源分配存在主观化的现象，领导意志与部门倾向往往发挥着决定作用，缺少说理与程序保障。因此，有必要对地方环境立法的理由、资源分配的影响因素、资源合理分配的程序保障展开研究。

一、地方环境立法的理由

地方事务纷杂，且立法本身的慎重性决定了应当对立法所涉事务的重要性与急迫性进行权衡与选择，这必然涉及立法的理由以及诸多立法理由的权衡与比较。所谓理由，就是行为人作出某个判断、提出某个主张或践行某个行为的主观上的根据或原因。理由的功能在于通过其解释功能为行动或决定提供支持[1]。理由和原因很多时候会被人们不加区别地使用，在一定程度上且从主观和客观角度对两者进行区分有利于我们对两者的理解。

（一）何为“理由”

原因更偏向于客观层面，即现实因素决定了人们的行为，并且这一原因推动的行为所带来的结果相对而言更符合预期的最优或者较优结果。理由更

---

〔1〕 参见李光恩：《地方立法的说明理由制度研究》，西南财经大学出版社2020年版，第20页。

偏向于主观层面，即行为人的想法推动其行为，从而产生相应的结果。这一结果不一定是最优的，但是最符合行为人的主张的。例如，第一种情况：甲出于使用目的购入一把椅子，使用目的是他购买椅子的原因。第二种情况：因为椅子非常符合甲的审美，非常精致，虽然他已经拥有了一把椅子，但是他仍然购买了这把非常精美的椅子，椅子符合其审美是甲购买椅子的理由。从这个角度来说，理由对人的行为起着重要的"辩护"作用。人们在作出某个行动时，可能面对很多不同的理由，这些不同的理由有可能是相向的，因而相互加强；但也有可能是相反的；因而相互抵触、削弱。在第二种情况中，一个人是否作出某个行动，最终一定是看这些相互抵触的理由中，哪一方占了上风。所谓理由的强弱，从根本上讲，仍然纯粹是行为人主观评价的结果，而未必是一般所谓理性程度、逻辑自洽程度。也就是说，同一个因素，在不同人眼里可能构成强弱程度明显不同的行动理由[1]。

因此，地方如何选择立法事项需要根据地方实际情况制定选择标准并且需要对其选择进行充分的理由论证，从而避免立法事项人为选择的恣意。

（二）地方环境立法理由的类型

理由不同于地方立法的功能，理由侧重于主观价值的宣示，我们可以通过地方立法目的条款或者地方立法说明来剖析地方环境立法的理由。根据地方环境立法经验，包括以下几种理由：

第一，落实国家立法。地方立法的目的条款中，多有"根据××，制定××法"。地方作为国家立法的落实实施单位，国家立法的落实是地方立法法定职责，国家法的正当性经过最高国家权力机关的

〔1〕参见周赟：《作为提供一种行动理由的立法——立法本质的社会学解释》，载《求索》2019年第2期。

检视，其正当性不言而喻。通过宣示地方立法与国家立法之间的关系，强化地方立法的正当性，自有说服公众的作用。“法律的生命在于实施”，法律实施是推进当代中国法治建设的关键环节。地方立法机关熟悉、了解地方情况，能够因地制宜地制定出有针对性的、显示地方特色的地方性法规和规章，从而使中央立法在地方得以落实、实施。这既是地方立法的功能所在，也是地方立法的理由所在。以大气污染防治为例，在《大气污染防治法》的引领下，各地区针对地方大气污染问题出台相关规范性文件细化落实国家法律。例如，《石家庄市大气污染防治条例》《唐山市大气污染防治若干规定》《邯郸市大气污染防治条例》《杭州市大气污染防治规定》等。地方立法在一定程度上克服了国家立法不确定性和模糊性、滞后性、不易操作等不足，为社会变革发展提供改革依据，从而推动社会发展。

第二，保障公众权益。立法是“由特定主体，依据一定的职权和程序，运用一定技术，制定、认可和变动法这种特定的社会规范的活动”。在一定意义上，法律目的就是根据立法者所代表的利益和需要而设定立法的价值标准。环境资源作为一种公共资源，是公众赖以生存的基础，与公众息息相关。在良法善治中，保障公众权益是至关重要的一环。就环境立法而言，其对公众权益的保障主要体现为对公众健康和公众环境权的保障。2014 年修订的《环境保护法》将公众健康确定为首要法律目的，突出强调了环境危机下的对公众健康的绝对保护，进而推导出特定的环境保护优先原则。其从国家立法层面确定了环境立法对公众健康的保障，地方在进行地方环境立法时，严格遵循国家立法对公众健康的保护。例如，2022 年修订的《广东省环境保护条例》、2022 年《浙江省生态环境保护条例》、2021 年修正的《鄂尔多斯市环境保护条例》等地方综合性环境立法中均明确规定立法的目的是为保障公众健康或者人体健康。地方立法之所以明确公众权益的保障，究其根本是当代法治正当性的主要依据就是公民权利保障。通过在立法中明确宣示公众权益保障而强化立法本身的正当性。这在环境立法中尤为关键，通过公众权益保障使环境立法摆脱了见物不见人的生态中心主义，能够让公众了解到环保不是为了环境而环保，而是为了自身的合法权益，更易调动公众形成内心认同与行为守法。

第三，保护生态环境、防治污染。生态环境保护与污染防治的是作为现代治理主要内容，也是重要的生态公共产品，与每个人密切相关，对其进行提供和保障意味着生态环境保护具有相当的独立性价值。2005 年 8 月 15 日，时任浙江省委书记习近平同志在浙江省湖州市安吉县考察时，首次提出了“绿水青山就是金山银山”的科学论断。自然环境是人类生存的基本条件，是发展生产、繁荣经济的物质源泉。2012 年，党的十八大报告提出了经济建设、政治建设、文化建设、社会建设、生态文明建设“五位一体”的总体布局。2017 年，党的十九大报告为我国下一步的发展提出了新的目标：到本世纪中叶，把我国建成富强民主文明和谐美丽的社会主义现代化强国，把目标的内涵从“富强民主文明和谐”进一步拓展为“富强民主文明和谐美丽”，增加了“美丽”的内涵。它满足了人民群众对生态文明的美好期待，强调了人与自然是和谐统一的辩证关系，两者相互依存、相互促进。党的十八大以来，党和国家通过健全生态环境保护制度，促进生态环境资源合理配置，发挥社会治理功效，推进环境污染第三方治理，推进人与自然的和谐，为子孙后代建设美丽家园，而地方环境立法所发挥的作用则是推进国家战略的关键性步骤。这也意味着地方环境立法的背后是地方立法与国家战略的一致性。这种一致性保证了理由的正当性。以国家立法为大框架，以地方立法为网格，建立一张保护生态环境的大网，这对维护生态平衡，保护人类赖以生存的环境有重大意义。

第四，体现地方特色需求，因地制宜。《立法法》第 7 条明确提出立法应当适应经济社会发展和全面深化改革的要求。由此可以看出，赋予设区的市立法权限的一个重要目的是希望能够通过地方立法来促进地方经济发展，推动地方治理现代化。不同地区依赖发展的地区优势不同，并且相关细则不宜用中央立法进行普遍性规定，因此需要通过地方立法来让各地区充分发挥地区优势，促进地区的发展，并且相关法律规范曾出现在省级地方立法中。例如，作为产茶大省，福建省曾经制定了《福建省促进茶产业发展条例》用来促进福建茶产业的发展，其具有重要的借鉴意义，立法主体的拓宽，可以更加细致地发挥地区优势。如《杭州市西湖龙井茶保护管理条例》《宁波市慈城古县城保护条例》《嘉兴市南湖保护条例》《绍兴黄酒保护和发展条例》《福州市寿山石雕刻技艺保护规定》《福州市脱胎漆器技艺保护规定》等地方立法，其针对地区发展特色进行立法，在利用优势的同时保护优势以促进地区的长远发展。就地方环境立法而言，环境问题具有地方性，各地所面临的生态环境保护和污染防治问题不尽相同。以长江三角洲为例，水污染防治问题是各地污染防治之重，各地通过施行河长制来进行水环境保护，加强环境治理和监督，从而使水变清变绿；而在黄河中下游，相对于河流污染防治，其面临的水土流失情况更加重要，因此需要地方制定保护植被、减少水土流失的相关政策；以煤矿带来的大气污染严重的山西等地，利用相应立法来减少大气污染，使天变蓝云变白则是地方环境立法之重。由此看来，各地方针对自身管辖区域内的环境问题进行相应立法，能够以问题为导向，满足切实改善地方环境的需求。

二、地方环境立法资源分配的影响因素

前文从地方立法实践经验对地方立法理由方面进行了分析，在不同立法理由的影响下，地方环境立法具有倾向性。同时，地方环境立法资源的有限性与地方环境立法需求的无限性具有冲突，即地方环境问题众多，但不是所有问题都能够依赖立法进行解决，立法资源是有限的。因此，地方需要对影响环境立法资源的因素进行分析和衡量，从而使地方能够将有限的立法资源发挥出更好的作用。结合立法实践，本书认为，主要有以下几个因素影响地方环境立法资源分配：

第一，环境治理需求的“轻重缓急”。在实践中，无论是中央立法还是地方立法，都会进行立法规划，一般按照轻重缓急的顺序或者立法准备的成熟情况和需求程度，将之划分为长期规划、中期规划和短期规划，短期规划往往也称为立法的年度计划。即使立法的年度计划，往往也划分为三个档次：把立法条件已经成熟，改革与建设急需，本年度内必须完成的项目列为第一档次；把改革与建设急需，但准备工作不充分或者立法条件不够成熟，把握性不大的项目，列为第二档次；把立法难度较大，年内显然完不成，但应当继续调查研究的项目，列为第三档次〔1〕。

地方环境立法中提及可以根据事情的“轻重缓急”，将之排列组合成四种情况：第一种情况是重要而且紧急；第二种情况是紧急但不重要；第三种情况是重要但不紧急；第四种情况是既不紧急也不重要〔2〕。根据这种逻辑关系，在环境立法工作中，应当依次开

---

〔1〕 参见梅献中：《论地方立法的轻、重、缓、急—— 一个环境立法的视角》，载《人大研究》2018 年第 11 期。

〔2〕 参见梅献中：《论地方立法的轻、重、缓、急—— 一个环境立法的视角》，载《人大研究》2018 年第 11 期。

展立法活动，即首先安排重要而且紧急的立法，其次安排紧急但不重要的立法，再次安排重要但不紧急的立法，最后安排既不重要也不紧急的立法。地方立法工作事项可以参照“轻重缓急”来进行安排，在地方立法的项目确定上尤其要重视“紧急且重要”的事项。

属于重要且紧急范畴的立法项目主要包括以下几个方面：其一，与国家法治建设有关的事项；其二，事关中央立法的细化和具体实施的事项；其三，事关中央政策精神向地方立法转化的事项；其四，事关地方经济社会发展面临的突出问题需要解决的事项。从上述内容来看，地方立法紧急且重要的事项主要来自两个方面：一方面来自中央的推动，另一方面来自地方发展的迫切需要。在将地方立法进行分类时，从上述两个角度进行整理可以帮助地方立法认识自身的立法空位，从而查漏补缺。随后，再筛选能够使地方按照本地区的经济发展现状和地方实际需要进行立法，从而能更好地发挥地方立法因地制宜推动地方发展的作用。

第二，中央对地方督察考核对于地方立法优先级的影响。我国是中央统一集中领导的单一制国家，因此中央对地方的督察考核对地方具有非常重要的影响，这一影响亦体现在对地方立法的影响上。例如，中央对 2019 年落实打好三大攻坚战和实施乡村振兴战略、深化“放管服”改革优化营商环境、持续扩大内需、推动创新驱动发展、保障和改善民生等有关重大政策措施真抓实干、取得明显成效的 213 个地方予以督察激励，相应采取 30 项奖励支持措施。地方为了完成中央督察考核目标，争取中央对地方的奖励支持措施，地方会对相关方向的地方立法重点进行把握，从而自上而下地影响地方立法项目的确定。以环保督察为例，我国环保督察制度经历了从“督企”到“督政”，再到“党政同责”的中央生态环境保护督察之演变历程，在督促地方党委政府履行环境保护职责、解决重大环境问题上取得了较大成效。中央生态环境保护督察组的成立意味着以党中央、国务院的名义对地方党委政府履行环保职责进行了监督。这样一来，各地领导干部将面临政治压力，地方也因此会加强环保工作，对环境违法行为进行整改，从而使环保督察能够取得成效。另外，中央生态环境保护督察在制度设计上充分吸收了目前“全面从严治党”背景下加强党内监督的经验，具有强烈的“巡视”色彩，督察结果直接影响当地党委政府领导干部的考核、升迁与惩戒[1]。因此，地方行政主管部门与行政长官对环保督察结果高度重视。一旦督察出相应的问题，地方行政主管部门压力巨大，为了防止相应的环境问题继续恶化，合法合理地解决督察查出的环境问题，地方有强烈的意愿通过地方立法强化行政管制手段。例如，2020年中央生态环境保护督察组进驻浙江，发现宁波市违法填埋、堆放垃圾问题突出。宁波市政府高度重视，根据中央巡视组发现的问题，对全市全行业排查整改。其中慈溪一建筑垃圾非法堆放场地修复费用高度2亿元。在中央生态环境保护督察的压力下，也为防止后续恢复治理的高额费用，严格管控建筑垃圾、促进建筑垃圾的再利用势在必行。因此，2021年宁波市人大将建筑垃圾管理条例列入年度立法计划，并于2022年通过了《宁波市建筑垃圾管理条例》。该条例针对之前环保督察中发现问题强化建筑垃圾的源头管理与全过程管理，并增加了再利用的制度。可以说，中央生态环境保护督察与地方立法形成了一定的互动。

第三，地方法治绩效竞争对立法优先级的影响。《立法法》所赋予的地方立法先行先试权在某种程度上认可了地方立法所具有的一部分相对独立的空间，加之不同地方在经济发展模式和地域文化

---

[1] 参见陈海嵩：《环保督察制度法治化：定位、困境及其出路》，载《法学评论》2017年第3期。

传统等方面存在程度不同的差异。这些都为地方法治建设过程中各地方在法治领域的差异性发展乃至相互竞争，提供了前提[1]。在全面依法治国和全面深化改革背景下，脱胎于区域经济社会一体化发展和治理实践的区域法治竞争，逐渐获得了法治与改革双重意义，成为地方法治竞争的一种有益升级[2]。对于地方而言，地方立法所具有的法律效用、行政执法的适用是立法能动性的来源，法治政绩的驱动则是地方之间的竞争性彰显，地方法治绩效包括地方法治建设成效与地方法治的经济社会效益两层内涵。前者是指地方法治的效果本身，后者是指法治对维护公共秩序、推动经济社会发展的效能[3]。地方竞争在一定程度上能够提高地方法治绩效，而其中重要的桥梁就是地方竞争在地方立法中的体现。在法治绩效竞争中，几类情形是竞争影响立法选择的具体表现：一是争做“第一”型立法。在地方法治竞争中，创新性立法，争做全国“第一”的新型立法是地方权力机关展开竞争的重要领域。地方往往结合地方需求，争创同类立法的第一名。例如，三亚市首开山体保护地方立法的先河，宁波市首创公筷地方立法。创新性往往是衡量地方立法资源和先进性的重要指标。二是凸显“标志”型立法。这是因地制宜原则在地方立法选择中的具体呈现。地方往往选择极具地方特色的针对性领域作为优先立法事项，以展现地方立法的标志性、针对性。如《绍兴黄酒保护和发展条例》《湖州市生态文明先行示范区建设条例》等。三是提升“指数”型立法。一些立法因素纳入

[1] 参见陈光：《论区域法治竞争视角下的地方立法协调》，载《东方法学》2019年第5期。

[2] 参见陈光：《论区域法治竞争视角下的地方立法协调》，载《东方法学》2019年第5期。

[3] 参见苏海雨：《地方立法的冲突规范与秩序构建》，载《甘肃政法学院学报》2019年第1期。

的法治城市、法治政府、文明城市的指数评价体系当中。例如。司法部发布的《市县法治政府建设示范指标体系》（2021 年版）将“互联网 + 监管”、信用监管与营商环境纳入法治指数评价体系当中，极大地促进了地方关于智慧城市建设条例、社会信用条例、营商环境条例的制定。地方竞争所带来的法治绩效所呈现的影响可能是“点”“面”结合的。一方面，地方所具有的经济文化社会基础不同，如何将中央顶层设计落实到地方，各地方可能采取的方式不同，所产生的效果也不同，这会加剧地方之间的竞争。从这一点来看，地方竞争所带来的法治绩效呈现“点”式影响。另一方面，如长江三角洲地区、珠江三角洲地区等区域经济一体化发展的地区，各地立法之间相互借鉴推动区域立法的发展。例如，上海市的建筑垃圾管理条例会对宁波市建筑垃圾管理条例具有重要的借鉴意义，因此地方竞争所带来的法治绩效呈现“面”式影响。因此，如何利用地方有效竞争来提高地方法治绩效仍然具有很大的探索空间。

第四，民意对立法优先等级的影响。从历史发展来看，神权社会中，神意或宗教规范是最佳的理由判准；熟人社会中，这些标准则主要体现为熟人间的习惯、道德；在一个价值多元的陌生人社会中，最适合扮演评价标准的就只能是全民意愿之规范，且“民主意愿”本身就意味着“大家”的同意、认可和接受。斯宾诺莎提出，“法律之增减是由于人民自由之认可，而不是由于外界的权威”。“遵从民意”规则是体现人民立法权所有者地位和意愿的重要前提，更是立法具有合法性的实质性要件。因此，在地方立法理由的衡量问题上，民意需要被放在靠前的位置上，广泛的民意参与对立法有重要的意义。一部法律草案尤其是关乎公民切身利益的法律，在交付表决之前必须有良好的民意基础，将民意反映作为立法的先导。这样一来能让地方所立之法更具有公众信服力，有利于相关法律的实施。民意是一个非常重要的术语，是绝大多数人的共同意见，代表了多数人的利益，但民意又是一个复杂的概念，不同背景下的社群对特定公共事务认知与评价不尽相同，代表多数人意见的民意难以形成与辨别[1]。

结合现代网络来看，民意通过网络等现代媒介跟踪热点事件、影响立法导向，监督政府执法、关注司法正义，通过对具体法治事件的聚焦关注和舆论参与，对我国法治社会建设产生了巨大的影响。[2] 就立法而言，在立法中引入网络民意，一方面能有效引导网络舆论，另一方面也能充分扩展立法过程的公众参与。网络民意对地方立法影响的思考有利于地方民主立法的发展，改善地方立法机关立法技术手段。群众能够借助网络呈现出巨大的力量，揭露了地方立法的弊病与不合理，规范和引导网络民意走向理性。当然，群众的呼声尤其是现代互联网大数据的作用下，容易出现跟风以及盲从等现象，因此，我们需要对民意进行甄别，从而发挥民主立法的优越性和科学性。

三、地方立法资源合理分配的程序保障

地方立法项目是关乎民众切身利益的“惠民项目”，受到众多因素的影响。同时，促进地方立法资源的合理分配还需要妥善处理相关因素。程序控权是一种保护权利的有效模式，从地方立法草案确立那一刻开始，立法程序就承担着严格“限权”“控权”的角色。下文将从地方立法项目征集制度、地方立法说明理由制度和地方立法听证制度等程序控权来阐述其对地方立法资源合理分配的作用。

---

[1] 参见李苏琴、曹钟安：《民意对立法、行政与司法的价值透视》，载《领导科学》2012 年第 35 期。

[2] 参见李苏琴、曹钟安：《民意对立法、行政与司法的价值透视》，载《领导科学》2012 年第 35 期。

（一）地方立法项目征集制度

立法项目征集是编制立法计划的前提条件。“立项”是地方立法的第一个启动程序，是一个关系立什么样的法的首要问题。编制“立法规划”和“立法计划”，是立法机关对立法项目所做的预期性安排，实质上就是立法机关对“立法建议项目”进行甄别、筛选和确定〔1〕。立法项目主要来自以下三个方面：一是政府部门提出的立法建议；二是人大常委会及有关专门委员会、工作部门提出的立法建议；三是10名以上代表提出的立法议案。〔2〕上述三方面的立法项目在实践中主要发挥作用的是政府，相关部门、社会团体所占比例很小。因此，立法选择与资源分配具有较强的政府行政主管部门倾向，难以充分体现民众需求。目前，我国部分省市尝试立法项目征集与论证工作。这样一来，地方立法项目能够通过邮件、电子邮件、传真等多种形式征集。结合现代科技发展的互联网在地方立法项目征集中更是发挥着突出作用，互联网能为地方立法项目的公开征集提供很好的平台。以上海为例，其在立法项目初步筛选的过程中引入“微博筛选”的方式，获得了许多网友的意见，同时获取到更多与民生关系密切的话题，互联网使立法项目征集的人群范围更加广泛。地方立法项目公开征求制度的实行能够将反映民声、切实解决社会问题的项目征集起来，使地方立法规划也能够拥有更多符合实际的项目可供选择，地方立法机关也能够拥有更多的选择，这有利于形成良性的立法项目推动立法规划，立法规划促进立法项目，使优秀的地方立法项目能够进入立法程序。

《立法法》明确规定地方人大应主导地方立法活动。这样做的

---

〔1〕参见周伟：《论地方立法项目征集制度的完善》，载《江汉大学学报（社会科学版）》2016年第1期。

〔2〕参见周伟：《论地方立法项目征集制度的完善》，载《江汉大学学报（社会科学版）》2016年第1期。

作用和意义在于可以有效避免政府主导下立法的部门利益化趋向，克服立法随意性和盲目性，实现立法资源优化配置，提高立法实效[1]。人大广泛吸纳专家学者的智慧也为立法项目征集发挥重要作用。以广东省为例，广东省人大常委会与驻粤高校签订协议成立了立法基地，这使相关专家学者智慧的发挥有更为直接的渠道，从而促进了地方立法资源分配的合理化。再如，在上海市在2013—2017年立法规划编制工作中，上海市人大首次委托上海社会科学院、市法治研究会根据立项范围和遴选重点进行初步筛选，并分别提出书面报告[2]。专家学者意见的加入一方面能够增强地方立法的科学性，特别是在像环境保护等关乎公众健康的领域；另一方面专家学者本身代表群众，因此也能够推进地方立法的民主性。

（二）地方立法说明理由制度

学者李光恩基于当前各地关于说明理由的具体规定和制度实践，将说明理由制度界定为：在地方立法前期准备到法的确立再到法的完善的整个过程中，地方立法主体或者其他参与者应当根据法律规定将其为编制立法计划、提出立法建议、起草法规规章草案、进行立法论证、审查法规规章等各种立法行为提供理由进行解释的一种制度[3]。

一方面，在地方立法过程中，立法机关需对制定地方性法规、自治条例和单行条例或者地方政府规章的必要性、可行性，以及地方性法规、自治条例和单行条例或者地方政府规章具体条文的立法

---

〔1〕参见刘锦森：《地方立法项目信息获取途径探析》，载《新疆人大（汉文）》2010年第3期。

〔2〕参见周伟：《论地方立法项目征集制度的完善》，载《江汉大学学报（社会科学版）》2016年第1期。

〔3〕李光恩：《地方立法的说明理由制度研究》，西南财经大学出版社2020年版，第23页。

依据、理由予以说明。另一方面，地方立法的说明理由制度的主体不仅限于地方立法机关，还包括地方立法过程中的其他参与者。以公民为例，其在提出立法建议时，应当说明理由来为其立法建议提供支撑。说明理由制度所涉及的立法过程不仅包括对立法理由的说明，而且包括对立法规划、立法建议、立法评估等行为的说明，从而发挥其保障地方立法在最大限度地考量广泛需要的基础上对各方利益合乎比例的吸收和取舍，实现各方利益的相对均衡的作用。

从程序法治的角度来看，说明理由制度是一种程序性机制。立法说明理由制度要求对相应的立法主张、立法决定等提供理由，即相关主体需要将立法主张或者立法决定所根据的客观事实依据、相关法律依据等一一呈现，使相应的立法主张或者立法决定能够得到充分的讨论论证。这能够保证立法在内容上的合理性，使立法机关通过立法程序所产生的立法结果具备合理的根据，且在经过充分的论证基础上，能够避免出现违背法治的恣意行为。

正如边沁在《道德与立法原理导论》一文中所说：一套被规划的法律，无论怎样完整，不免是相对无用和无教益的，除非它在每一项细节上都通过不断与之伴随的、无休止的关于理由的评论得到说明和辩解。在立法过程中对各项主张和决定说明理由，通过在立法程序内部对各方参与主体的行为进行制约来实现公正的立法结果则是程序法治的组成部分。说明理由制度使能够有效增强立法过程中不同利益主体之间的沟通，使相关主体能站在不同角度和立场上考量其主张和理由的可接受程度。正如前文所提及的，众多理由之间的博弈，说明理由制度要求不同理由能够以成文的方式进行阐述，这样一来，相应的诉求能够获得更多参与者的认同和支持，使说明理由所支持的诉求可以形成合力，成为地方立法可以参考的客观依据。

从地方与中央的衔接角度来看，说明理由制度的作用还反映在我国省市级立法与国家立法的衔接之中。我国是单一制国家，因此法律在体系上要求是一以贯之，从立法条文来看，其表现为下位法不得与上位法相抵触。但是，上位法最终呈现的法律文本都是经过专家的精练表达，地方需要对相关条款进行细致化的实施，因而在理解上可能存在不一致性。我国是一个幅员辽阔、民族众多的国家，因此各地所处实际情况不可一以贯之，需要因地制宜使法规规章更符合地方立法实践的需要。说明理由制度能够帮助下级立法在立法原意上追溯在法律与地方性法规的衔接时，从而进行相应的地方立法，使地方立法在符合立法原意的基础上具体情况具体施行。

（三）地方立法听证制度

我国宪法中的一些规定蕴含了立法听证制度的理论依据，具体体现为一切权利属于人民原则、人民主权原则和权力监督原则，在法条主要表现在《宪法》第 2 条第 1 款，第 2 条第 2 款、第 3 款，第 27 条第 2 款，第 41 条第 1 款等规定中。2023 年修订的《立法法》第 39 条，规定了法律案有关问题存在重大意见分歧或者涉及利益关系重大调整，需要进行听证的应当召开听证会，并且根据该条规定，地方人大立法时可以参照规定，采取座谈会、论证会、听证会等多种形式听取意见。上述法律规定为我国地方人大立法听证提供了法律依据。

地方立法听证制度主要体现为在地方立法机关立法的过程中，地方立法机关通过特定程序听取社会公众，如专家、利害关系人等，和法案有关的部门对立法所涉及的国家、社会、个人利益的主张及事实理由，并将其作为立法依据和参考，其实质是通过程序正义实现实体正义。地方立法听证作为公众参与的重要方式，具有“看得见的民主与科学”的程序正义价值和揭示社会利益关系的多样性和价值差异性、人格和尊严被尊重的实质价值[1]。立法听证使公众直接参与到立法过程中，相对于其他参与方式，听证使相应的主体能够在规则的指引与保护下，充分表达自己的意愿，这其中可能还会涉及与部分社会群体的利益对抗。但其对加强直接民主、实现透明立法、协调利益纠纷，促进社会公平以及降低争议、增进立法效率、促进立法实施等具有重要意义。

具体来看，其功能主要体现为：第一，从宪法学角度来看，立法听证制度有利于保障公民在立法方面的知情权、监督权等基本权利的实现。公民能够通过地方立法听证活动表达自己的意见和建议，参与地方立法事务，实现参政议政。且立法听证能够有效协调多元化的社会利益，这有利于维护宪法秩序的一致性、连续性和确定性。第二，防止地方人大立法权的滥用，我国的立法和制度建设主要是政府主导型，因此立法项目和立法内容往往带有较强的人为色彩，因此公民通过立法听证参与立法活动，反映普通公民意见，表达公民的诉求，可以避免地方立法成为行政管理权力膨胀、地方和部门利益扩张的载体，这有利于塑造地方立法的公平正义价值。

我国目前立法听证制度仍然存在很大的改进空间，主要表现在立法听证法律体系的不足、立法听证范围仍显狭窄、听证陈述人的遴选不合理且其权利没有得到很好保障等问题。但是不可否认的是，立法听证制度对地方立法资源分配合理化具有促进作用。立法听证作为一项立法制度，其在我国的发展仍需经历一个发展和完善的过程，从而实现其程序正义价值和合理性价值，使其能切实推动地方立法的民主化与科学化，发挥其为地方立法提供建议与依据、促进地方立法资源合理分配的作用。

---

〔1〕 参见饶世权：《论公众参与视阈中的地方立法听证制度》，载《湖北社会科学》2013年第10期。

第四章

地方环境立法逻辑体系与流程

2019年，笔者参与了全国人大环资委组织的《长江保护法》座谈会。与会专家包括环境法学专家、生态环境有关行政主管部门、环境管理学专家以及环境科学方向的专家。生态科学专家的陈家宽教授提到：长江源头、上游、中游、下游，都是有地理分区的，各区域自然特征并不一样，如果搞不清楚长江各区域生态环境特征与现实生态环境问题，长江立法将流于形式。这实际上引发了一个学术问题，即环境立法是怎样将科学问题纳入视野的。法理通说一般认为法是事实、价值与逻辑的统一体。显然，对于环境法律而言，还需要再增加一个科学规律或者说是科学事实。对于法律适用而言，事实与价值判断是给定的，蕴含在立法之中，通过逻辑推演得出个案适用的结论。但对于立法而言，这一过程是反向的，需要先确定统一的事实与价值再通过法律结构、法律语言予以逻辑化、文本化。这一过程如何实现，要考虑哪些因素，如何在立法流程贯彻落实，学界对此着墨不多。本章将从立法逻辑角度分析立法因素，并将这一逻辑进程与立法流程协调起来进行一致性研究。

一、环境立法的四重逻辑体系

立法方法问题是生态环境法治能力建设的组成部分，甚至应当是基础的、不可或缺的组成部分。

我国生态环境法治的能力建设，需要科学的立法方法论来指引。生态环境法治建设始终应当遵循正确的思维逻辑，首先应当是在立法上。然而，现实的立法实践在许多情况下仍然存在忽视立法逻辑的问题，特别是忽视应当遵循的基本法律逻辑。全国人大环资委法案室主任翟勇认为，"生态环境立法应当遵守四个基本逻辑：一是自然逻辑，二是行为逻辑，三是法律结构逻辑，四是法律语言逻辑。这是生态环境法治建设最基本的问题，也就是源头上的问题，亟待予以系统解决"。[1]

（一）环境立法的自然逻辑

从立法的角度来看，首先要确定的是立法所欲实现的社会目的。对于环境立法而言，立法目的一般是解决特定环境问题。特别需要指出的是，立法目的与法律目的条款所呈现的目的是存在差异的。立法目的往往是针对社会问题的客观呈现，而法律目的往往是优先价值判断的，侧重凝聚共识。例如，在制定《长江保护法》时，长江流域生态环境已经到了"无鱼"的等级，放任长江流域生态环境恶化将严重威胁长江两岸人民群众生产生活以及长江经济带发展稳定，因此，恢复并改善长江流域生态环境是长江保护法立法的首要目的。具体到地方立法而言也是如此。例如，在制定《宁波市生活垃圾分类管理条例》时，在无废城市建设的背景下宁波市不再允许以填埋方式处理生活垃圾，生活垃圾必须按照分类要求被回收和焚烧。只有将含水量较多的厨余垃圾从生活垃圾中分离出来，其他垃圾的焚烧才能保持稳定的炉温，而不至于产生二噁英等有毒有害气体。每一部地方立法出台背后都一个直接的、客观的社会目的，而这一目的与生态环境一般规律密切相关。准确定位目的的前

---

[1] 翟勇：《我国生态环境法治能力建设进程》，载《环境与可持续发展》2020 年第 1 期。

提就是了解生态环境的客观规律，了解环境问题产生的客观机理，此即环境立法的自然逻辑。同时，只有明确自然逻辑之后，才能对社会行为按照立法目的进行规制。

在早期工业社会，立法背后的自然逻辑相对简单。从法学角度看，行为与结果之间的事实因果关系判定仅通过经验、感受便能够实现。例如，英国早期工业革命时期，燃煤污染与人体、作物损害之间的关系，是通过经验科学获知的。这一结果是科学家偶然发现封闭船舱中燃煤与呼吸道疾病的关联性而发现的。这种自然逻辑与公众日常生活相关，虽然需要科学家的提炼，但在立法层面无须特别留意。因此，在早期立法中，自然逻辑与行为逻辑是紧密联系在一起的，并没有从事实判断中独立出来。随着科学的发展，社会复杂性呈现几何级的增长。解决生态危机的法律首先需要把握生态环境客观规律。但把握这种现代工业社会的生态环境客观规律早已超出经验科学或者普通公众的感性认知，需要相关学科的专家通过科学分析得出结论，甚至有些结论在一定程度上与公众经验认知并不相符，而不被公众所认可。此时，自然逻辑就从传统立法中的事实逻辑中独立出来，需要予以特别对待。

对于法学人而言，识别自然逻辑并在立法中嵌入自然逻辑并非易事。环境立法的开放性或者说科技性就体现于此。立法者必须通过立法程序所赋予平台倾听环境科学专业对自然逻辑的分析。这种自然逻辑的分析在立法中并不具有唯一真理性，而是可以被探讨的。因此，立法中应当由不同立场的专家对自然逻辑展开不同层次的分析。从立法角度来看，自然逻辑的识别与嵌构过程也是一个可供辩论的民主过程。

立法中的自然逻辑可以从以下几个方面展开：第一，生态环境现状的评价标准的确立。首先要对立法目的所涉及的生态环境进行整体性的评价才能确定立法目的所欲实现的目标。例如，长江流域生态环境情况——“无鱼”的等级、某水域或大气环境质量情况。一般情况下，通过国家环境质量标准能够对生态环境状况进行评价，但在一些特殊情况下则需要通过专家确立的评价标准进行评价，如对特定区域生态系统的保护、对山体完整性的保护。目前我国缺少相关的标准，没有直接的评价标准可供参考，就需要专家对生态环境状况设计有针对性的评价指标体系，至少要确立保护主要指标。第二，影响因素因果关系的识别。这主要是围绕着事实上的因果关系展开的，揭示是什么因素导致了评价指标的下降，造成生态环境的破坏。例如，长江流域中生态环境破坏存在以下几个因素：过度捕捞、沿岸重化工污染排放、城市市政污水排放。这些影响因素的发现以及各因素对长江生态破坏的程度大小需要科学查证。只有确立影响因素，才能对后续的行为规制做到有的放矢。再如，在 PM2.5 污染防治过程中，首要任务就是要确定地方 PM2.5 的来源种类。不同地方地理环境、发展模式决定了来源种类以及各种类效应并不相同，只有准确识别重要来源种类才能通过立法有效削减 PM2.5。第三，生态环境改善效果的预判。在明确评价标准与影响因素之后，就是要根据立法所确定的行为方式，评价立法未来可能形成的生态保护效果。不同的立法内容或者规制措施对生态环境保护的效果达成并不相同。一般来说，时间越长规制强度相对较低，时间越短要达到同样的效果规制的强度就会增加。因此，必须对改善效果有合理的预判，才能够准确定位管制措施。

（二）行为逻辑

从法学角度来看，自然逻辑与行为逻辑同属于事实判断。如果说自然逻辑是环境立法科技性的体现，由环境科学家所揭示的，那么行为逻辑就是环境立法社会性的体现，其由管理学家、社会学家和经济学家所揭示。环境法是人的行为规范，环境法要实现协调人类与环境之间关系的目标，只有通过调整人与人之间的关系，即通过调整环境社会关系才能实现；人类也只有在一定的社会关系中从事活动才能与环境发生联系。法的意志性无法直接作用在环境这一客观物质世界之上。只有通过规制人们的行为，使其正确运用和遵循生态规律及其他客观规律，才能保证将人们的活动控制在有利于保护环境的范围之内，才能实现人类与自然和谐共存的目的。自然逻辑必须与行为逻辑相结合，环境立法才能产生预期的社会效果。

按照立法流程，可以从以下几个方面把握行为逻辑：第一，规制目标的确定。在国家立法层次，规制目标相对模糊。在地方立法层次，规制目标应当是具体可操作的。例如，三亚市《山体保护条例》在立法前所确定的目标是禁止非法占用山体、逐步恢复农用地对林地的占用、分布恢复被破坏的山体。又如，《宁波市生活垃圾分类管理条例》，立法前所确定的目标是2022年实现全市生活垃圾实现“零填埋”。[1] 在地方立法层次，具体目标的设定实际上都与地方经济与社会发展规划、地方环境保护政策目标、地方环境保护绩效考核有密切的关系。自然逻辑中对生态环境的评价构成的确立目标的技术基础。第二，规制行为的选择。在规制目标锚定后，行为逻辑的核心因素就是选择哪些行为作为实现目标的手段。这与自然逻辑中影响因果关系识别的因素有密切关系。在立法实践中，往往以影响因素作为依据寻找有效的规制手段。例如，在PM2.5治理中，影响因素包括挥发性有机物、扬尘、氮氧化物等。上述因素的升高或者降低是由人们的生产生活行为引起的。挥发性有机物多由装饰涂料、秸秆燃烧、机动车尾气、工业排放、燃煤等行为造

〔1〕《锻造“无废城市”宁波还有多长路要走》，载宁波市政府网，http：//www.ningbo.gov.cn/art/2021/8/16/art_1229099769_59037358.html。

成。不同的地区，各类生产生活行为对于挥发性有机物的贡献度并不相同。那么所选择的规制手段就有所不同，其手段所带来的社会效果亦不同。第三，行为逻辑的把握需要综合考量效率、成本、接受度、合法性等因素，是多因素作用的结果。无论是规制目标还是规制手段，均是立法者在诸多潜在备选项中进行选择和决策。在行为逻辑层次，立法者所需要考量的因素并非单一的，并非唯效率至上的，而需要综合考量多种因素，包括管理效率、经济成本、社会认可度与合法性。这分别代表了行政管理资源、经济资源、社会资源以及法治基础对立法者决策的限制。仍以大气污染防治立法为例，从目标角度看，在最短的时间内将 PM2.5 控制优良值范围是环境保护的最佳选择，但从经济成本与社会可接受程度看，这一规制目标难以实现，而需要综合考虑经济发展水平与人民群众对管制措施的耐受程度而做出一项相对合理的目标选择。在手段层次亦是如此。例如《宁波市再生资源回收利用管理条例》，预实现宁波市再生资源回收利用从“小、破、散”的“破烂王”走街串巷的方式转型升级为信息化、产业化、全流程的集约式发展方式。实现这一目标有三种备选方案：一是补贴方案，即补贴新型再生资源回收公司，让其获得市场成本优势并在市场竞争中逐步淘汰破烂王；二是补偿方案，即短期内通过补偿“破烂王”转型或迁移出宁波市；三是行政管制方式，即通过提升行政标准，提高破烂王的许可门槛，逐步淘汰“破烂王”或迫使其转型升级为新型再生资源企业。第三种方式效率最高，政府财政支出最低，但社会成本最大，社会认可度最低，且存在合法性瑕疵。第一种与第二种方案，政府财政支出存在短期和长期的差异，接受程度与合法性并无问题。立法者在进行行为逻辑的考量时需要综合考虑各种因素而做出选择。

（三）法律结构逻辑

法律结构逻辑与语言逻辑是属于规范判断的范围，是法律内部系统建构范畴。法律结构逻辑即是法律规范如何排列组合、立法篇章条款项目如何设计的逻辑依据。法案结构的编写是地方环境立法过程中的重要一环，是表达法规内容的一般规则。法案的结构一般根据立法机关所选择的体例模式进行设计，而体例模式作为一种立法形式是服务于具体立法内容的。在地方立法实践中，通常需要根据不同的立法内容选择不同的立法模式进行结构的编排，使其内容达到逻辑形式的统一。从法规的结构单位层次和顺序角度来看，从高到低排列依次是编、章、节、条、款、项、目。具体到设区的市地方环境立法实践中，除特别复杂的内容外，一般设章、条、款这三个层次。从法规的体例模式角度来看，目前地方环境立法中较为常用的体例模式为条例、规定和办法。在体例模式的完备程度上，条例是一种较为系统的体例结构，适用于对某一方面事项作比较全面、系统性规定的地方性法规，一般适用章节式体例模式，分为“总则—分则—附则”三个层次，总则和分则部分一般单独成章，章下再设条款，分则部分依据过程主导模式或者要素主导模式安排各章节；规定和办法则是简易体例结构，适用于对某一事项作局部或专项性规定的地方性法规，一般适用条款式体例模式，直接采用法条罗列的方式，不设具体章节。从完备的结构模式来看，“总则、分则、附则”这三个部分层次清晰，结构逻辑严密且总则与分则部分相互呼应。在设区的市环境立法中，总则是法规的开头部分通常位于第一章，对其所调整的社会关系作原则性的规定，通常包含立法目的和依据、调整对象和适用范围、指导原则、管理主体及其职责。分则是法规内容的主体部分，是对总则内容的具体性规定的总称。主要包含调整对象的权利与义务，行政强制、行政处罚、行政许可等具体行为规范。附则是对法规条文的补充性规定，位于法规的尾部。通常包括术语和法律名词等的定义、除外条款、开始施行日期、废止性条款、参照性条款等其他需要在附则规定的内容。为充分展示地方环境立法的结构特征，下文将以完备的体例结构为范本来分析地方环境立法的法律结构逻辑。

从形式理性的体系合理性角度出发，可从以下两个方面去把握地方环境立法的法律结构逻辑：第一，过程主导模式。过程主导模式，是指以环境保护和治理的过程为主而设计的环境法律规范结构编纂模式，其中包括事前—事中—事后三个阶段的划分逻辑。以《宁波市建筑垃圾管理条例》为例，其采用“总则—分则—附则”的结构模式，除总则和附则外，分则的结构主要遵循事前规划—事中处置监管—事后救济三个层次的结构安排。《宁波市建筑垃圾管理条例》共设 8 章，总计 58 条。其中第一章是“总则”部分，主要包含立法目的、适用范围、指导原则、监管主体与被监管主体的义务；第二章“规划和建设”，主要规定了行政管理主体规划和环境卫生设施的义务；第三章“源头减量”，主要对实施源头减量工作各主体的义务作了具体规定；第四章“贮存和运输”，对于建筑垃圾的贮存和运输环节的作了特殊规定；第五章“利用和处置”是对建筑垃圾的循环利用和处置环节的具体规定；第六章“监管和保障”，主要规定了为达到建筑垃圾减量化目的所设置的行政许可、行政处罚及相关保障措施；第七章“法律责任”，主要规定了违法责任人的责任追究方式；第八章“附则”，主要对法规的用语含义进行了补充阐述且规定了其施行时间。《宁波市建筑垃圾管理条例》的结构设计遵循了环境保护和治理的过程，符合建筑垃圾减量化的立法目的。从建筑垃圾消纳场所及专项环境设施的规划建设到建筑垃圾的贮存和运输，再到建筑垃圾的利用和处置再到监管和法律责任的追究，整个过程完全符合实然法逻辑与形式理性的要求，具有明显的过程主导特征。

第二，要素主导模式。与过程主导模式相比，要素主导模式并不按照具体流程来安排法规结构，是在上位法的统辖下根据各类环境污染源和污染因子的产生来进行章节的设计和法规架构的展开，最后实现对专门类别环境要素的保护和管理。从体例的完整性角度而言，要素主导模式并不缺乏系统性与全面性，其同样采取“总—分”的结构模式，并且力求完善列举各类要素以实现环境保护和管理的目标。从结构的融惯性角度而言，要素主导模式并不是法律条文的机械整合，而是以要素为主线设计的整体架构，总则与分则部分相互呼应，最终实现整体结构的融贯。以《宁波市大气污染防治条例》为例，其中以大气污染的污染源为要素进行分类并单独成章，从而进行法规结构的设计和编排。《宁波市大气污染防治条例》共7章，总计65条。第一章“总则”部分规定了立法目的及上位法的依据、适用范围、指导原则、监管人与被监管人的义务的内容；第二章“污染防治的监督和管理”，明确了各项大气环境质量达标的规划和制度措施，限定了行政主体的大气环境保护职责；第三章“燃煤和工业污染防治”，从燃煤和工业污染源的类别出发对工业技艺的改进、工业污染物的排放、工业污染因子的检测和预警提出要求以进行制度设计；第四章“机动车和船舶污染防治”，从公共交通、机动车污染、船舶污染、清洁能源的使用的角度出发规定了各行政主体的职责和相对人的义务；第五章“扬尘和其他污染防治”，对交通运输、建设工程、矿山开发等活动中产生的扬尘污染防治职责和防治措施作出了规定，另外也对社会生活中的其他污染源排放作了特殊规定；第六章“法律责任”，对违法责任人的行政处罚作出了规定，同时也对行政主体行政不作为等违法违规行为作了特别规定；第七章“附则”，规定了条例开始施行的时间。第三章到第五章按照要素主导结构模式进行章节设计，条文中按污染源的要素作出具体规定且更加直观地表现出来，与过程主导模式有显著区别。

在地方环境立法中，需要根据不同的立法内容和立法目的来选择具体的立法结构模式，符合形式理性与实然法逻辑才能实现形式与内容的统一。合理稳定的结构模式既能增强地方立法的可操作性与执行效率，又能在体例结构完备的基础上实现因事制宜从而更具有针对性。

（四）语言逻辑

语言逻辑是法律规范内部建构的范畴，是指地方立法语言的标准化使用规范。法律产生、存在于语言之中，也需要通过语言去表达和适用。语言是否规范决定着立法效益的实现程度，立法语言应当符合国家通用语言文字规范，设区的市地方环境立法对文字有更为严格的要求。

从立法技术的角度而言，立法语言要符合形式合理性的要求，具体可以从以下三个方面来把握：第一，立法语言要具有准确性。准确性，是指立法语言使用词语要准确无误，准确表达法律规范的具体内容与立法意图。立法语言要实现准确性应当把握语言的明确性、法律概念的统一性、逻辑的严谨性三个特征。从语言的明确性角度来说，立法语言应当具体明确，对表达的法律事实及法律行为都要做到清楚明白，避免让人产生误解。除此之外，立法语言的用词所表达的概念也应当准确无误，不能模糊不清或有歧义。词语的字面意思通常具有模糊性，而这种模糊性或者说不确定性会损害法律规范的权威性。而“明确性对于一自由社会得以有效且顺利地运行来讲，具有不可估量的重要意义”。[1] 因此，在立法语言的词语

〔1〕［英］弗里德利希·冯·哈耶克：《自由秩序原理》，邓正来译，生活·读书·新知三联书店1997年版，第163页。

运用中应尽量使用更具确定性的专业术语，并在法律文本的语句中加以阐明，而不能使用口头语言、文学语言、方言、古语等词语，避免损害法律的权威性和公正性。从法律概念的统一性角度而言，为了避免立法用语在表达法律内容时产生歧义，地方立法在描述同一个行为或者表达同一个意思时应当使用相同的词语，从而避免法律概念或法律用语的混乱。从逻辑的严谨性角度来说，立法语言在使用法律概念对行为和事实进行判断时，必须遵循形式逻辑的规范。其中的要求包括立法语言的使用不能产生语义或用词相互矛盾、模棱两可的现象，除此之外，在进行法律推理或法律论断的表达时要有充足的理由，只有这样才能实现立法语言准确性的要求。

第二，立法语言要具有简洁性。立法语言的简洁性要求立法语言要尽可能简洁凝练，这样有助于明确地表达法律意图，也能使法规的施行更加顺利。立法语言的简洁性首先要求法规的用词要干净利落避免辞藻堆砌，另外句式的使用也要避免长句，尽量使用短句；其次，对于同一个内容的规定应当作出完整的规定，尽量避免重复规定；最后，语句的使用应当尽量平实，少用修辞手法及其他带有感情色彩的修饰性词语，否则会给法规带来不确定性，损害法规的权威性。

第三，立法语言要通俗易懂。法规的预设对象是普通民众，即没有接受过法律专业知识教育的普通人，因此，立法语言应当通俗易懂，易于理解和掌握。[1] 立法语言要实现通俗易懂要做到少用专业术语、慎用新词新语、不用生僻词语。首先，立法语言中难免会用到专业术语，而多数民众对法律等专业领域的术语不太了解，这样就会影响到法律的实施。因此，即便不可避免地要使用专业术

[1] 参见崔立文编著：《地方立法理论与实务》，辽宁人民出版社2016年版，第108页。

语，也应当在法规中注明，进行进一步阐释。另外，新词新语的语义也处于不断的变化之中，为避免法规的不确定性也应慎用新词新语。其次，立法语言的通俗性也要求立法不用生僻难懂的词语，采用较为通俗易懂的语言。

二、地方环境立法的流程与立法逻辑的衔接

（一）地方环境立法流程

按照立法学原理，完整的地方环境立法流程主分为三个阶段，分别是立法的前期准备阶段、正式立法阶段、立法的完善阶段，这三个阶段紧密相连，形成完整的立法过程。[1] 本节只讨论从法规的立项到法规公布的立法流程，即立法的前期准备阶段和正式立法阶段。

立法的前期准备阶段包括立项、立法论证、立法调研、立法起草四个阶段。立项指的是将立法项目纳入年度立法计划的立法前期准备程序，完成立项意味着立法项目的启动。将立法项目纳入年度立法计划有助于保证立法的可预期性，降低立法的立法成本，避免立法资源的分散和重复。在地方环境立法中，立项主要分为正式项目、预备项目、调研项目。其中正式项目具有立法紧迫性，必须在本年度内完成的项目。预备项目是有一定的立法必要项目，基本上完成调研，但是立法审议的条件还未完全具备，需要进行补充立法调研。[2] 调研项目一般是纳入了立法计划但还未完成立法调研的项目。立法项目是否有必要纳入年度立法计划，纳入年度立法计划是否可行，仍需要提出立法建议的部门进行立法论证。从立法的必要性角度看，所需要解决现实问题是否达到了立法的程度、立法是

---

〔1〕 参见周旺生：《立法论》，北京大学出版社 1994 年版，第 133 页。
〔2〕 参见刘平：《立法原理、程序与技术》，上海人民出版社 2017 年版，第 234 页。

否具有现实急迫性、采取何种立法体例模式、需要立法确定的制度都是立法论证要考量的因素。从立法的可行性角度来看，需要进行立法的项目有无社会基础、民众的接受度、立法时机、社会共识程度等因素都会影响立法的实施效果，不对这些因素进行充分论证将会影响所出台法律的实施效果，极大地减损法律的权威性。因此，在立法论证阶段除了内部程序外，也需要充分发挥外部程序的作用。如扩宽立法论证的公众参与渠道、增加专家论证环节等。立法项目正式纳入立法计划之后，就进入了立法调研和法规文本起草阶段。立法调研和立法起草是检验地方环境立法准备工作的重要标准。立法调研，是指对待社会问题的实际情况进行调查分析的立法准备活动。立法调研必须由有立法权的主体进行。根据《立法法》的规定，享有地方立法权的各级人民政府、各级人大及其常委会进行立法活动时必须通过各种方式进行立法调研。立法调研贯穿立法的全过程，在立法的各个阶段通过收集整理、分析资料，从而得出立法结论。立法调研有助于立法主体充分了解立法中的现实情况、主要难点，为立法的可行性、必要性提供现实依据，从而增强立法的科学性、民主性、可行性。立法调研完成后便是法规文本的起草阶段。立法起草阶段总共有政府主管部门起草、人大主导起草、委托第三方起草、联合起草四种方式。在地方环境立法实践中，政府主管部门起草通常适用于对规范事项内容有主管权的政府部门组织起草工作。由于地方环境立法绝大多数都涉及政府行政管理的事项，政府部门对该领域一线工作的客观情况、法规的适用、执法中存在的问题等都非常有发言权，由政府部门起草可以充分发挥其资源优势，增强地方环境立法的针对性。人大主导起草模式是地方人大及其常务委员会行使其地方立法权的体现，这种模式不仅可以防止行政权力部门化、行政部门以权谋私的情况出现，也可以发挥人大的组织作用，协调社会力量、专家、政府机构进行立法。这也是科学立法、民主立法的体现。委托第三方起草适用于立法内容复杂、专业性较强的情况，可以有效避免立法部门化的倾向，提升法规制度设计的专业化程度。联合起草模式，是指由多领域、多部门人员联合起草的模式，其中，参与人员包括立法机关的工作机构、政府相关主管部门、专家学者及其他社会人员。联合起草可以避免重复立法，节约立法成本，提升立法的效率，也能统筹全局、集思广益，从而兼顾各方利益。

正式立法阶段包括法案的提出、法案的审议、法案的表决和公布。根据《立法法》第 87 条的规定，地方性法规案的提出、审议、表决程序由本级人大进行规定。法规的提案通常由草案说明、文本草案、参考资料组成。地方环境立法草案制定后需向地方人大或人大常委会书面提出，立法草案提出之后正式立法程序就开始启动了。法案一般由人大内部机构或市人民政府向地方人大常委会提出，并由地方人大进行审议。立法法案进入审议程序后，地方人大会对法案的科学性、合理性、可行性进行实质性审议，审议能否通过是对地方环境立法的立项、起草质量的考验和评判，也为法规的施行奠定了基础。根据《立法法》的规定，地方人大常委会的立法程序参照全国人大常委会的立法程序。因此，在地方环境立法案的审议中一般实行“三审制”的程序，即经过三次地方人大常务委员会会议审议通过后再进行表决。地方环境立法案的第一次审议由地方人大各专门工作委员会进行分组审议，听取提案人对草案的说明和解读；第二次审议是由地方人大法制工作委员会进行审议，听取专门工作委员会关于法规草案的修改情况和法案中存在问题的汇报，在对法案进行充分调研的基础上对法案的问题和分歧进行审议；第三次审议通常是在全体会议上听取法制工作委员会关于草案审议结果的报告，分组会议对法案修改稿进行审议后交付表决。审议完成后由地方人大及其常委会集体行使职权，按照少数服从多数的原则进行表决。表决一般分为公开表决和秘密表决。公开表决一般包括举手表决、口头表决、点名表决、记牌表决、起立表决、使用表决器表决等方式；秘密表决主要是不记名表决的方式。[1] 根据《立法法》的规定，设区的市的地方性法规表决通过后须报省、自治区的人民代表大会常务委员会批准后施行。报批通过后须由设区的市人大常委会发布公告予以公布。由此可见，法案必须报批通过并公布之后才具有法律效力。

（二）各流程环节所需要考量的逻辑因素

在地方立法中，法规的制定要同时符合实质理性和形式理性的要求，因而自然逻辑、行为逻辑、法律结构逻辑、语言逻辑这四种逻辑因素往往是融贯于地方环境立法之中的。在立法流程中，根据每个立法阶段考虑需要的具体问题不同，法规所要考量的逻辑要素也各有侧重。

在设区的市环境法规的立项和论证、立法调研阶段中，首先要考虑的就是立法所欲实现的社会目的和欲达到目的所需使用的行为规制方式。在此过程中，自然逻辑和行为逻辑的应用尤为重要。从自然逻辑的应用角度来看，出于对立法的实施效果和立法成本的考量，是否有必要通过立法的方式来预防和解决地方环境问题、立法项目是否能达到预期的立法效果、立法的时机是否恰当等问题都需要综合各方的意见，在立法项目的制定和立法论证时应咨询环境学家和社会各领域的意见。此时，自然规律的识别和应用就不可避免地涉及自然科学的问题。比如，在《宁波市大气污染防治条例》的

[1] 参见刘平：《立法原理、程序与技术》，上海人民出版社 2017 年版，第 249 页。

立项阶段，对污染物的排放应当限制在何种范围内、排放标准和阈值的确定、防治工业排放气体对大气的污染时工业技艺应当改进到何种程度、如何合理地应用科学手段防治城市扬尘、空气质量影响因素的识别等问题，这都是自然逻辑应用于地方环境立法时应该特别考量的因素。除此之外，行为逻辑在立项和立法论证中的应用也是尤为重要的，其直接关系立法的可操作性和实施效果。从立法的可行性角度分析和论证立法项目，立法对行为规制手段的选择、立法规制手段的成本和效益、民众的可接受度都是行为逻辑的应用范畴。例如，在《宁波市再生资源回收利用管理条例》中，欲实现宁波市再生资源回收利用产业的升级，如何对“小、破、散”的“破烂王”进行规制，使其逐步转变为更具信息化、产业化、清洁化优势的现代性再生资源企业。又如，再生资源回收利用企业经营困难时，为了鼓励和促进再生资源循环利用技术的革新、促进再生资源行业的产业升级，条例中制定经费扶持、税收减免、市内单位优先使用可再利用和可资源化的材料等规定是否符合立法成本效益的要求，能否实现立法的实施效果，民众的耐受度等问题都体现了地方环境立法时行为逻辑的考量与应用。

在法案的起草和市人大常委会法制工作委员会的审议当中，法律结构逻辑和语言逻辑的应用是十分重要的一环。立法体例的选择、结构的编排、章节和条文的设计、立法语言的准确、简洁和通俗等规范性使用要求等都体现了法案的起草、审议与法律结构逻辑、语言逻辑之间的紧密关系。如果在立法案的起草和审议过程中缺乏对法律结构逻辑、语言逻辑的判断和应用，那么整个法案也就不具备系统性、规范性，甚至都不能准确地表达法案的内容，最后也将必然面对法案被修改或撤回的命运。与西方立法中群体利益的博弈不一样的是，中国立法的全过程都代表的是公共利益，是公共利益与个人权利限制之间的博弈。这个特征在地方环境立法中是十分明显的。比如，立法案的第一次审议，即市人大专业工作委员会的审议中，更多考量的是群众现实环境利益和经济利益的实现与公民个人行为规制之间的利益协调，也就是行为逻辑因素的考量。

第五章

环境地方立法中的行政处罚设定研究

环境行政处罚是实现法律社会控制的重要手段，但囿于地方立法技术与学术研究的不足，行政处罚在地方环境立法设定中存在越权、有效性不足等问题。地方作为接触环境违法问题的第一人，最能切中环境问题的根本所在，并在第一时间作出反应和调整。因此，从地方的环境行政处罚制度优化入手，探讨研究环境地方的立法权限，调动地方人民政府的立法积极性，自下而上地推动国家法的完善。

一、地方环境行政处罚设定的法律依据

环境地方行政处罚，从文义上可拆分成为三个构成要素，即为“环境”“地方”“行政处罚”，三者分别对应了立法的对象、立法的主体以及立法的内容三种要素。根据《行政处罚法》第2条关于行政处罚定义的规定，[1]环境地方行政处罚的概念则应当相应地解释为：地方行政机关在地方立法机关不抵触上位法规定进行立法的前提下，对违反环境行政管理秩序的公民、法人或者其他组织，以减损权益或者增加义务的方式予以惩戒的行为。但是，碍于地方立法权限模糊所带来的种种问题，这种定义在现实立法并没有被很好地体现。本章内容着重

---

〔1〕《行政处罚法》第2条：行政处罚是指行政机关依法对违反行政管理秩序的公民、法人或者其他组织，以减损权益或者增加义务的方式予以惩戒的行为。

于在地方立法层面分析地方立法机关如何合法、合理、特色地区设定环境地方行政处罚。欲论某项立法制度的构建完善，首先应当观察其存在的基础。

设区的市地方立法权的法律渊源主要来自《宪法》《地方各级人民代表大会和地方各级人民政府组织法》（以下简称《地方组织法》）和《立法法》。《宪法》第100条第2款中规定，“设区的市的人民代表大会和它们的常务委员会，在不同宪法、法律、行政法规和本省、自治区的地方性法规相抵触的前提下，可以依照法律规定制定地方性法规”。《地方组织法》第10条和第49条规定设区的市人大及其常委会在不抵触原则下制定地方性法规的立法权，即设区的市人大及其常委会在不同上位法相抵触的前提下，可以制定和颁布地方性法规。《地方组织法》第74条规定设区的市人民政府在“根据”原则下制定地方政府规章的立法权，即设区的市的人民政府可以根据上位法制定规章。《立法法》规定设区的市的地方立法权限的条款主要有第81条、第82条、第86条、第87条和第93条，其中第81条和第93条分别规定了设区的市的地方立法权限范围，第82条规定了设区的市人大及其常委会制定的地方性法规的三种类型，第86条、第87条规定了地方性法规中专属于地方人大的立法权。

就环境地方行政处罚设定的立法而言，其程序法的依据还有《行政处罚法》《环境行政处罚办法》，以及《土地管理法》《水法》《大气污染防治法》等环境实体法依据。因此，从法源的层次分布以及内容丰富度的角度来看，环境地方行政处罚设定时需要考量的因素十分复杂，不仅在地方立法权限上层层加码，对于地方环境治理也存在环境实体法律的诸多限制。2021年修订的《行政处罚法》新增第12条第3款，该款内容为“法律、行政法规对违法行为未作出行政处罚规定，地方性法规为实施法律、行政法规，可以补充设定行政处罚。拟补充设定行政处罚的，应当通过听证会、论证会等形式广泛听取意见，并向制定机关作出书面说明。地方性法规报送备案时，应当说明补充设定行政处罚的情况”。我们可以观察出中央立法机关对于地方立法权限的限缩呈现一个逐渐放开的趋势。对此，最高立法机关全国人大常委会的解释是，由于多年来，2017 年《行政处罚法》中有关地方性法规设定行政处罚的规定限制过严，地方保障法律法规实施的手段受限，很多地方建议扩大地方性法规的行政处罚设定权限，以充分发挥地方性法规在地方治理中的作用。[1] 2021 年修订的《行政处罚法》第 12 条第 3 款的中心思想是，回应关于地方性法规行政处罚设定权限扩充问题的争论，在《立法法》“法律保留”原则的规定之下，通过赋予地方性法规“行政处罚补充设定权”的“开绿灯”的方式，探索性解决和适应地方性法规在社会治理中的相应问题。[2] 地方行政处罚立法权限的扩大对环境地方特色化治理来说无疑是一件益事，能够帮助地方根据本行政区域内的特有环境问题有针对性地设定相关环境行政处罚。但就现有的法律基础以及地方立法现状来看，对地方立法权限限制的破除力度还不够大，没有从根本上解决地方立法难的问题，环境地方行政处罚的设定仍然存在诸多现实的困境。

二、地方环境立法中行政处罚设定的困境

地方立法权限在理论上的不统一与上位法框架的限制中，注定

---

〔1〕《关于〈中华人民共和国行政处罚法（修订草案）〉的说明》，载中国人大网，http：//www. npc. gov. cn/npc/c30834/202101/5936c4478a8b4d79a0edcdc589151a9b. shtml。

〔2〕参见刘光华、刘旭、李晓磊：《地方性法规制定中新〈行政处罚法〉第十二条的适用》，载《人大研究》2022 年第 4 期。

会导致地方在立法的过程中举步维艰，随着各地相关的环境行政处罚法律文件的出台，我们不难观察出环境地方行政处罚的设定仍存在许多亟须解决的问题与困境。

（一）“不抵触”标准的模糊

就环境行政处罚而言，地方在立法应当根据各地不同环境问题的现实需要设定具有地方特色的行政处罚。这就要求地方在立法权限具有相对较高的自由度，但在《立法法》第 81 条第 1 款规定的“不抵触”原则[1]的大框架下，中央立法对地方的立法权限进行了严格限制，要求所有设区的市的地方立法需要“在不同宪法、法律、行政法规和本省、自治区的地方性法规相抵触的前提下”才能获批。从法解释学的角度来看，“抵触”一词的概念又是十分模糊的，或者是存在多元解释的空间。一般的解释是对某问题已有规定的法律、法规的有关规定发生矛盾和冲突，可又如何解释“矛盾与冲突”呢？是完全相反的规定才算抵触，还是只要调整的内容不完全相同就算抵触？对此，《立法法》并没有更具体的阐释，也没有相关的司法解释予以说明，这种中央立法的模糊就给地方立法的权限带来了不小的限制。这种限制表现为行政处罚种类、行政处罚力度与行政处罚权力的受限。实践中，地方人民政府更加愿意选择绕开《行政处罚法》，自己开展“立法创业”。这尽管在合法性上有瑕疵，但在供需严重失衡的状况下，并不会影响地方人民政府的热情。近年来，从行政处罚的种类上看，“‘其他行政处罚’的数量远大于‘本行政处罚’的量”，诸如“黑名单”“违法事实公布”

---

[1] 《立法法》第 81 条第 1 款：设区的市的人民代表大会及其常务委员会根据本市的具体情况和实际需要，在不同宪法、法律、行政法规和本省、自治区的地方性法规相抵触的前提下，可以对城乡建设与管理、生态文明建设、历史文化保护、基层治理等方面的事项制定地方性法规，法律对设区的市制定地方性法规的事项另有规定的，从其规定……

地区、经济相对落后的中西部工业龙头扎堆的大城市、旅游文化服务业见长的小城市、水资源充沛的海洋城市与土木资源丰富的山地城市考虑因素显然不同。诸多特殊化因素的叠加使环境地方行政处罚的设定至少在设区的市之间理应具有十分鲜明的区分度。从目前的立法现状来看，大部分地方环境立法的行政处罚设定忽略了立法的目的能否有效实现。这导致我国地方立法整体上呈现出保守性、被动性特点，加剧了地方立法的自主性、创新性和地方特色的萎缩。本质上，这是地方立法主体消极对待立法权责的结果，是地方立法“缺位”和“失活”的一种现实反映。[1]

三、环境地方行政处罚设定的完善路径

（一）“不抵触”原则的重释

地方立法权限模糊的问题本身就是由于上位法律文本文义解释无法更进一步透彻，也没有国家层面的其他法律规范或解释来进一步明确这个问题，目前仅停留在学界众说纷纭的阶段，在理论和实务中都没有形成统一的认识。因此仅从《立法法》第 81 条条文本身描述的角度来为厘清地方立法权限做文章并不是一条有效的出路，需要从“不抵触”原则立法背后的价值追求与精神出发，观察中央立法放权地方立法期望实现的功能定位是什么，地方立法在环境领域运用的“抵触容限”究竟在哪里，以及在重新梳理后的“不抵触”原则下环境地方行政处罚设定的可选择路径进行探究。

当我们在说某个地方立法的条款与上位法的规定有抵触时，究竟是指抵触了什么？笔者认为，所谓不抵触是地方立法内容与上位

---

〔1〕 参见封丽霞：《地方立法的形式主义困境与出路》，载《地方立法研究》2021 年第 6 期。

法的立法目的、精神和原则相违背即构成抵触。[1] 当地方立法存在违反上位法律规范对设定或修改该条文之初所欲解决的某一问题的基本精神的情形时，我们才说这是地方立法对上位法有所抵触。在环境地方立法方面，上位法的基本精神可以从几个方面来观察：一是上位法律出台时的环境问题背景，二是在上位法律修改时的环境问题变化。以《水污染防治法》为例，1984 年出台的第一版中的法律责任部分，设置有行政处罚的条文仅有 3 条，主要集中在对企事业单位的违规排污进行相应处罚，且涉及罚款部分均有明确的范围。这个历史时期我国的水污染防治工作偏重于工业污染防治，城市生活污水处理和流域区域污染源的综合防治尚未受到重视，[2] 水污染防治的行政处罚设定尚处于一个摸索的阶段。1996 年的修订中增设了对生活饮用水地表水源地保护和不达标水污染处理设备设施的行政处罚；2008 年的修订开始大量细化各种各样水污染的处罚情形，并且对罚款的处罚幅度进行了明确的罗列；2017 年的修订对原有的处罚制度深度细化并加重了对水污染违法行为的惩治，尤其加大了对超标超总量、伪造监测数据、私设暗管等逃避监管行为的处罚力度。以线性的时间轴形式来看，每个时期的《水污染防治法》的行政处罚设定各有其时代背景变化下的特殊导向，也反映了中央立法在最高法律层次水平上对中国环境普遍性问题如何治理的基本态度和精神。环境地方在设定行政处罚的过程中，应当深挖上位法在每次修订时的考量的各项因素，明晰条款制定或修改的原因，了解环境问题发展的大方向，充分领悟了上位法对某环境问题的基本精神后，才能够做到对上位法的形式上的“不抵触”，在此

---

[1] 参见姜晓倩：《我国地方立法中“不抵触”原则的适用研究》，山东师范大学 2020 年硕士学位论文，第 22 页。

[2] 参见徐敏、王东、赵越：《我国水污染防治发展历程回顾》，载《环境保护》2012 年第1 期。

前提下，去讨论环境地方应当如何立法、回应地方性事务才有意义。上位法律通过归纳总结国家社会范围内存在的问题，制定相对宏观的指导性法律规范，下位地方法只要在不偏离上位法的基本精神与原则的前提下，对地方特化的环境行政违法问题进行再审视，有针对性地回应行政区域内的特色问题设定行政处罚，既是在实质上对上位法的“不抵触”，这才是中央—地方立法上下结构的一种较为理想的状态，也是在尽可能认可地方立法权限扩张的情况下对“不抵触”原则的一种较为合理的解释。

另一个问题是“抵触容限”。“抵触容限”，是指地方位法对上位法基本精神的“不抵触”在具体设定过程中的现实文本落定和处罚幅度衡量，换句话说，上文所论证的“不抵触”给环境地方行政处罚设定指明了大致的方向，“抵触容限”需要解决的问题是地方如何在这个方向上设定行政处罚不偏离，即地方在“不抵触”之下能够自由设定环境行政处罚的行为、种类、力度的最大范围。第一，对于环境地方行政处罚所能规制的行为，应仅符合上位法规范所反映的问题本质即可。如上文《大气污染防治法》与《宁波市大气污染防治条例》中关于无证排污处罚的规定，法律规定中的文本是“未依法取得排污许可证……”，而宁波市的条例中的文本是“未取得排污许可证……”，缺少了“依法”二字，就不能狭隘地去说宁波的条例不惩治非法取得排污许可证排污的情况，与上位法相抵触，这种解读就是十分片面的，与上位法的立法精神亦不相符。第二，对于环境地方行政处罚所能设立的种类，应当做更加宽容性的解释。行政处罚的种类受制于《行政处罚法》第9条名称明确列举的六个种类，但这不代表凡是不以第9条中的处罚种类名称或者上位法律规定的其他行政处罚的种类名称为依据的环境地方行政处罚设定都是抵触的。以《大气污染防治法》与《宁波市大气污染防治条例》中相关规定为例，《宁波市大气污染防治条例》第57条规定中，[1]对未采取防撒漏、扬尘等密闭措施的土方车等工程车，拒不改正后的处罚表述为“车辆不得上路行驶”，该条与《大气污染防治法》第117条[2]中的“拒不改正的，责令停工整治或者停业整治”相对应。表面上看宁波市的条例的规定限定了法律中“责令停产停业”的途径范围，且“车辆不得上路行驶”也不是规范的处罚种类名称表述，按照一般理解应当认定为超出法律范围设定新的行政处罚种类，但是就两者规定下所处罚的情形而言，并无差别。无论是以法律为依据还是地方性法规为依据，对工程车辆未按要求防止扬尘、遗撒进行惩处，在现实中的停工停产途径确实都是“车辆不得上路行驶”，或者说禁止违规车辆上路即可达到使涉事主体的主要经营内容暂停的结果。尽管在文本的表述上两者属于包含的关系，《大气污染防治法》中的“责令停工整治或者停业整治”更多的是一种对同位法《行政处罚法》规定中的规范性表达倾向，而《宁波市大气污染防治条例》中的看似更加任意性的表述则是对该规范性表达作出了“具体规定”，并未达到“抵触”的程度。第三，对于环境地方行政处罚所能惩处的力度，应不超越上位法规定幅度的上下限即可。对于地方立法机关来说，一味地加大环境行政处罚的处罚力度并不是规制环境违法行为的有效进路，上位法所设定的处罚限额理论上已经能够对当下的环境违法种类起到足够的惩戒、威慑作用，地方只要保证设定处罚的条、款、

---

〔1〕《宁波市大气污染防治条例》第57条：违反本条例第四十五条规定，装卸和运输煤炭、垃圾、渣土、砂石、土方、灰浆、混凝土等散装、流体物料的车辆，未采取密闭装置防止物料遗撒的，由公安机关交通管理、交通运输等部门按照各自职责责令改正，处二千元以上二万元以下的罚款；拒不改正的，车辆不得上路行驶。

〔2〕《大气污染防治法》第117条：违反本法规定，有下列行为之一的，由县级以上人民政府生态环境等主管部门按照职责责令改正，处一万元以上十万元以下的罚款；拒不改正的，责令停工整治或者停业整治。

项之下的处罚幅度均在上位法规定范围之内即可，并且就对“不抵触”原则的遵守而言，相较存在争议的文义解释来说，代表罚款处罚力度的具体数字是容易直截了当地进行观察和比较的，地方能够准确清晰地认识到在这一方面自身的立法权力边界所在，不存在容许扩大的空间。因此，地方在设定环境行政处罚力度时，仅需要保证所设置的处罚幅度上下限均在参照上位法的范围之内，满足形式上不抵触的要求即可。考虑如何根据环境地方违法的具体情况与环境地方保护、污染防治的现实需要，细化不同环境违法情形下处罚的幅度区分，制定与本地区经济发展状况相匹配环境行政处罚，更好地去体现、贯彻罚责相当原则，才是环境地方应当在行政处罚设定时所应当作出区分度的主要任务。

（二）环境地方行政处罚种类的多元化建构路径

“多元化”是一种由单一向多样的发展、由统一向分散的变化。对于环境行政处罚的种类设定而言，多元化的发展路线其实是合适且合目的的，环境法的多学科交叉性、环境污染的因果复杂性、环境地方生态的特异性，都决定了环境地方行政处罚种类应当多元化的趋势，反映在以下三个方面：一是处罚功能的多元化，二是处罚手段的多元化，三是处罚主体的多元化。

环境行政处罚主要有三个功能：惩戒环境违法；威慑环境社会；预防环境风险。目前的“名称列举”式的行政处罚种类配置仅仅只能完整“惩”的功能，甚至都无法对违法主体产生有效的“戒”的作用，原因在于这种配置下的行政处罚对象性太过单一。无论是“警告”、“罚款”还是“责令停业停产”、“行政拘留”，都只是对行政相对人的单向惩罚输出，没有对社会层面产生足够的影响。环境地方行政处罚设定被束缚手脚一个很重要的原因，是其所根据原有种类进行创新、改制的新型处罚无法被行政处罚的概念所包容，但在实效上，这些新型的行政处罚所发挥的功能远比《行政处罚法》所规定的几种更加全面。一些地方创设的将企业列入黑名单以及公布违法事实等新型“声誉罚”形式，倒逼了这些企业因珍惜声誉而自觉遵守相关生态环境保护规定。例如，2021 年修改的《上海市环境保护条例》第 60 条规定，涉及“实行排污许可管理”“重点污染物排放量超过总量控制指标”“污染物超标排放”等情形的单位，应当在环境信息公开平台上发布排放情况、防治污染设施建设运行情况等信息。这些规定有效督促了企业自觉履行生态环境保护的社会责任和法律义务，对建立健全联合惩戒机制以及推动构建生态环境信用体系起到了积极作用，[1]既能够起到制裁涉事违法企业的作用，同时公布其企业内部信息也能够对同业起到威慑作用，最终达到对未来同种违法事件的预防作用。但是问题在于，诸如此类的“新型处罚”，在目前的行政处罚概念下存在合法性质疑。因此，想要破除环境地方行政处罚种类配置的僵化现状，首先应明确行政处罚的功能导向，即基于威慑目的而对自然人、法人或者其他组织违法行为所施加的一种行政制裁。[2] 地方可以根据功能导向设定相应的行政处罚种类，在法律概念的层面上赋予这些新型行政处罚正当性，调动环境地方立法积极性的同时，亦能保证环境行政处罚其他的功能得以体现和发挥。

就行政处罚的手段而言，《行政处罚法》及相关环境法律的行政处罚种类配置仅是对一般情形下的法律适用，无法满足需要精细化立法环境的地方对上位法进行“具体规定”或“补充设定”的要求。因此，范式化的种类表达不能解决地方在设定环境行政处罚

---

〔1〕 参见唐贤：《地方政府规章的行政处罚设定权——从〈行政处罚法〉第 14 条第 2 款与〈立法法〉第 82 条第 6 款入手》，载《行政法学研究》2022 年第 3 期。

〔2〕 参见熊樟林：《行政处罚的种类多元化及其防控——兼论我国〈行政处罚法〉第 8 条的修改方案》，载《政治与法律》2020 年第 3 期。

时的困境，对处罚种类进行横向与纵向的类型化表述是更为恰当的做法。因此，应当增设行政处罚的类型化条款，以罗列类别的形式代替罗列名称的形式，体现立法语言精练提纯的同时，也是行政处罚种类多元化最直接的表现方式，在横向与纵向分类上又表达不同的内涵。横向的分类，是指以某几种行政处罚所具有共性为依据对行政处罚进行分类。这种分类标准能把现有的行政处罚种类层次进行模糊化，以一种潘德克顿式高度概括、抽象化的方式确定每个种类的行政处罚形式，地方可不再以“选择式”的方法设定行政处罚，而是在更自由的范围内创设或改制不超出所属处罚类别内涵的环境行政处罚。这样做的好处在于，地方环境立法能够真正拥有一定的自主性，可以根据各地环境问题的切实需要进行回应，而不是把上位法稍作修改后就完成了立法任务，在处罚手段上，不再拘泥于现行的特定几种处罚，各地兴起的各类新型处罚也能有所依托。纵向上的分类，更类似于刑罚中的升格、降格与免除。行政处罚中其实存在这样的规定，如“拒不改正的，则……”属于变相的升格，但这种表述是十分模糊的，如何认定改正？拒不改正次数有无要求？态度端正积极改正的能否减轻处罚？上位法未作解释，地方法也无权规定。相比之下，国家出台了大量的司法解释进行补充规定刑罚中的升格罚、降格罚与免除刑罚的条件是比较明确的。这也是环境行政处罚细分化所应当要求的，如宁波市制定的《宁波市主要环境违法行为行政处罚裁量实施标准（试行）》，对各类环境违法行为所造成的后果程度在裁量系数和调整系数上细致到了百分度的区分，同时，其附表《宁波市主要环境行为行政处罚豁免清单（第一批）》，对于一些初犯或者损害后果较低的环境违法事由进行了免予行政处罚或降格行政处罚的处理，也反映了地方不再想要受制于上位法的一般性规范的模糊规定，对在可选择行政处罚层级范围内进行灵活变通的环境行政处罚框架构建，实现行政处罚手段在横向与纵向两个维度上的多元化转变。

处罚主体的区分度也是地方行政处罚多元化发展的又一重要维度。上位环境法所规定的行政处罚的一般规范中，绝大多数以违法事由严重程度对处罚力度进行区分，基本不会以违法主体的类型设定不同的处罚力度。尽管我们可以看到现在越来越多的各地环境地方立法已经开始刻意区分对个人和企业的分类型处罚，但是此类条款所占的比例仍然不高，有待进一步扩增。对处罚主体进行类型化的区分有助于促进行政处罚的实质公平性，不同类型处罚主体对相同的处罚的接受程度自然不同，仅设置单一的处罚幅度然后让所有的处罚主体统一适用，行政管理人的自由裁量范围明显过大，不免失之偏颇，在一定程度上容易造成相对人对行政管理人的不信任与质疑，削弱行政处罚的功能与效力。对此，逐步在行政处罚条款中增设根据处罚主体类型设定不同的处罚区间是地方提升与上位法规定区分度的未来趋势。这种区分度的体现主要可分为两个方面：一是条款数量，二是主体类型。对数量的理想状态应当是凡是规范的内容可能被不同种类主体所触犯的，皆应进行处罚幅度上的区分，同时明确不同主体触犯规范时的具体条件。主体的类型根据属性划分，可参照刑法总则的规定，区分为个人、单位负责人及单位三类，处罚力度应当逐步递增；进一步细化该分类，仍然可以再分为从事环境相关领域事务的单位或个人与非从事环境相关领域事务的单位或个人，从主观方面的认识因素观察主体对实施环境违法行为的主观恶性大小，来更深层次地优化对处罚主体的区分度。

（三）环境地方行政处罚力度的标准设定

罚款作为环境行政处罚的主要手段，我国现行环境法律、行政法规中的罚款数额设定方式以数值数距式设定方式和数值封顶式设定方式居多，即以无须计算就可直接确定罚款数额的数值式设定方式为主导。尽管数值式设定方式在实际操作中确有简单明晰的适用优势，但相较于倍率式设定方式而言，它在精密调控环境社会关系、实现环境罚款有效性与预防性方面的局限也是显而易见的，[1]同时给环境地方对罚款数额的细化设定与决定处罚提出了难题。对环境地方立法而言，明确罚款设定的标准属实是十分必要的。标准的设定需要考虑几个问题：一是行政处罚设定中的法条竞合处理，二是将环境损害作为处罚额度的考量因素，三是复合处罚标准的确定。

1. 行政处罚设定中的法条竞合处理

所谓环境法上竞合，是指同一环境违法行为同时触犯两个或以上不同种的环境法律规范所制定的内容，行为人只有一个违法行为，但是触犯的是两种不同的法律规则。环境法由于缺少成文的法典，各法之间互相独立，因此在外观上是法律与法律之间的竞合。对竞合的选择并不是非我即他的绝对，而是可以对竞合中交叉重叠的部分进行折中的综合考量。环境地方立法需要体现上位法的基本精神，因此当欲规制的行为在上位法中产生竞合时，对竞合的法应当均有体现。具体落实到罚款幅度的设定上而言，即每部竞合法中规定罚款上下限中的至少一个需要在环境地方立法中的幅度的上限或下限上一致。上位法中的幅度上下限某种程度上反映了中央立法对该种行为的容忍程度，上限越高，说明该行为所可能造成的危害极其严重；下限越低，说明该行为发生的概率与频次往往越高。竞合的罚款幅度理论上通常呈现以下几种形式：一是完全包容式，某一法的处罚幅度完全包含了另一法的范围，地方宜选择被包容的处

---

〔1〕 参见程雨燕：《环境罚款数额设定的立法研究》，载《法商研究》2008 年第 1 期。

罚幅度作为参照；二是部分重合式，竞合的法中存在相互重合的一段数距，地方宜选择该重合的数距作处罚幅度的参照；三是完全不兼容式，即若干的处罚幅度之间完全不存在交叉，或一法的幅度以数距表示而另一法以倍率表示。这种情况下地方宜保持审慎的态度，对于前者的参照选择应当优先考虑行为对哪部法的偏向性更强。以选洗煤为例，尽管排污行为会对大气、水源、土壤三者均造成影响，但本质上企业排出的污染物是废水，那么选择《水污染防治法》中的处罚幅度作为参照至少在形式上来说符合“不抵触”的要求；至于后者，宜采用倍率式的表述更能做到罚责适当，更具可操作性，原因在于，倍率式除上述已说明的优点之外，相比数距式和封顶式，还能进行补充规定。综观各环境法中的行政处罚罚款条款，凡是列举处罚数值的都是明确固定的，而倍率式的处罚规定可以额外补充最低或最高处罚额的说明，如《固体废物污染环境防治法》第112条的规定，[1]对未达到处置费用标准的情形直接补充设定最低认定数额，如此一来，倍率式的处罚标准即可转化为数距式，方便与其他竞合的法相互比较，地方亦可模仿上位法在此处的立法语言技术，即便倍率式的处罚设定之后被认定畸轻或畸重，也为地方留下了足够的解释与修正空间。

2. 将环境损害作为处罚额度的考量因素

落实法的实效，罚款的幅度范围设定是一个主要方面，如何根据每个违法事实决定最终的处罚额又是另一个重要方面。就环境地方行政处罚而言，可以从环境损害（惩戒功能）、行为规范（预防功能）和社会威慑（威慑功能）三个角度因素进行综合衡量。行

[1]《固体废物污染环境防治法》第112条：……有前款第三项、第四项、第十项、第十一项行为之一，处所需处置费用三倍以上五倍以下的罚款，所需处置费用不足二十万元的，按二十万元计算。

政违法造成的损害轻重是量化和评价决定处罚额最直接的因素，符合大众朴素的法律价值观与一般奖惩逻辑，《美国行政罚款政策》指出，“允许违法者从违法行为中受益，是将守法者置于竞争的不利地位，而构成对他们的惩罚。因此，行政罚款通常应当至少收缴因为违法而产生的主要经济利益”[1]。当然，不同类型的环境违法的环境损害因素考量程度有所区别。

对于非法经营类的环境违法行为，如无证排污致环境污染等，对此类违法行为的罚款通常与非法经营的持续时间成正相关，经营时间越长，罚款就越重，但是这种一般的处罚逻辑实际上是忽略了环境损害因素，或者说是将环境损害纳入时间因素的当然结果中进行一并评价，当下环境法律设定的罚款是仅针对违法行为的惩处而未对同时造成的环境损害进行弥补，在惩罚的性质上出现了不周的地方。因此，地方在对上位法进行具体规定和补充设定时，可将非法经营造成的环境损害价值作为量化指标，无法评估损害程度的，亦可用违法所得进行代替，以倍率式的处罚幅度在上位法规定的上下限内设定罚款，如此一来，环境地方即可以根据环境违法行为实际造成的环境危害决定一个相对明确的罚款额。

对于未按规定缴费类环境违法行为，地方在规制这类行为时，目光不能仅局限于违法主体所未缴、骗逃的费用，而应更深入地去计算违法主体因未缴、骗逃所获得的环境利益，根据主体所付出的守法成本与收获的违法所得的比例调整大致的处罚区间，再测量违法行为造成的实际环境损害价值或环境管理秩序破坏程度决定最终的处罚额。

对于未按规定采取环保措施或使用环保设备而导致相关污染的

---

[1] Policy on Civil Penalties: EPA General Enforcement Policy#GM – 21, recodified as PT. 1 – 1, Feb. 16, 1984, p. 3.

环境违法行为，如违规处置医疗废物、闲置环保设备等。此类违法行为充分体现了环境违法损害后果的不确定性与易变性，因而在环境罚款设定中应区别情况分别对待。[1] 若是环境违法行为业已造成现实环境污染或重大的环境事故，此时的环境损害价值是可估量可计算的，本着环境行政处罚以恢复环境生态良好管理秩序为基本目的，决定处罚额宜不低于实际造成的环境损害。但碍于地方立法权限的缘故，对于一些大型的环境污染事件，罚款在触及上位法规定的顶格之后无法再增加，财产罚对更严重的环境违法存在一个不可逾越的处罚上限，这是当下中国环境法律体系下暂时无法解决的痛点；对于尚未造成实际环境损害的违法行为，仍然需要将可能造成的环境损害的潜在风险纳入考量范围之内，当然相较有环境损害的情形应当减轻处罚。

3. 复合处罚标准的确定

罚款在惩戒绝大多数环境违法行为的场景中能够起到较为有效的处罚作用，但对于环境损害或环境风险超过罚款上限之外的违法行为，单一罚款的作用就显得有些捉襟见肘，企业为经济效益的考量在有限的科技水平无可避免会出现环境违法行为，当罚款的力度无法匹及企业违法所能获得利益，“正是由于法定罚款上限低，不足以制裁、震慑和遏制环境违法，致使许多企业宁愿选择违法排污并缴纳罚款，导致恶意偷排、故意不正常运转污染防治设施、长期超标排放等持续性环境违法行为大量存在，严重损害了环境法制的应有威严”[2]。这种“边罚边赚”的现象是企业环境违法层出不穷、屡禁不止的根本原因，而当下环境地方立法权限的缘故，又不

---

[1] 参见程雨燕：《环境罚款数额设定的立法研究》，载《法商研究》2008 年第 1 期。

[2] 郄建荣：《松花江污染事件按法律上限只能罚款 100 万元》，载东方律师网 2007 年 1 月 25 日，https://www.lawyers.org.cn/info/3c10824205fd4f6d82a19f5e83c04210。

得私自选用上位法规定以外的行政处罚种类。因此，地方要想不抵触立法的同时治理环境地方违法事项，可以尝试从“非行政处罚”手段的“行政命令”入手，使其纳入罚款程序之中，作为罚款后监督手段，即罚款“事中处罚 + 事后监督”的行政处罚手段的复合化。对此，可以借鉴美国环保局（EPA）的相关做法。

在美国 EPA 作出数额较大的处罚后，不但会公开通报罚款的数额，还会通报违法者为了改正违法行为需要付出的成本。例如，2000 年 6 月，EPA 通报，对维拉米特工业（Willamette Industries）公司违反《清洁空气法》的行为罚款 1120 万美元，同时宣布维拉米特工业公司为了达到法定要求，将花费 7400 万美元安装新的污染防治设施。[1] 这种类似于“通报批评”处罚手段的宣传方法，实际上并不具有处罚的性质，更像是没有“批评”的单纯“通报”命令，但其能起到的效果却是“通报批评”远不能及的，因为其触及了违法企业的核心利益——企业的财务规划。由地方人民政府作为监督企业整改的责任人，企业为证实其整改实效，势必要真金白银地去购置相关污染防治设施或升级设备等，并提供相应的购置合同、成本核算会计报告、专用发票等加以佐证，而不仅仅是停止排污、停用设备等流于表面的功夫，地方对企业的规模、资金、环境违法前科等因素也有更充分的了解，设定改正违法的成本也更加具有针对性和现实性。相比“责令改正”的内部性，这种“通报”将企业受罚款后需要付出的整改成本外部化，使同伴企业及社会公众能够知悉平常所无法知晓的企业内部财务信息，将违法成本真正切实的进行量化，使其能够被环境社会所观察到，让潜在的违法主体意识到罚款背后所隐藏的违法成本，远比罚款数字所能体现出的

---

[1] 参见严厚福：《量化“改正违法行为”所需付出的成本，提升环境行政处罚威慑力》，载《世界环境》2020 年第 5 期。

要高得多，破除了以往“只报罚款不报改正”的罚款模式，通过更巨大、更醒目的数字来达到震慑的效果，同时又不具有行政处罚的性质，不必考虑与上位法抵触的问题，环境地方能够更自由地在合理区间内设定罚款。当然，我国不宜直接照搬，构建高效合法的环境地方行政处罚机制需要逐步完善多种途径，吸收借鉴美国 EPA“罚款 + 通报”的行政处罚与命令复合手段中的主要模式，不失为修正环境地方罚款力度标准的一种有效进路。

第六章

地方环境立法成本效益分析的方法研究

在地方立法的过程中，存在地方人大工委与行政主管部门的立法博弈的现象。行政主管部门往往强调立法的有效性与合目的性，忽视了立法对个体权利的限制以及立法的规范性。功能主义立场往往是行政主管部门所持的基本立场。人大工委在立法过程中所持的立场一般为规范性主义立场，即强调立法条款的合法性、规范性以及对公民权利的保障。在立法博弈中，采用定性分析的方式往往会导致博弈的不能，导致立法内容在选择时呈现出全有全无的窘境；定量分析的方式则能够避免这一困境的产生，并促进多方意见达成一致。

地方环境立法成本效益分析方法是地方环境立法主体将经济学分析方法在立法领域的交叉学科运用。科学地将成本效益分析方法运用到地方环境立法领域，需要对立法成本、立法收益建立包含量化指标与量化方法的量化体系。在对环境立法进行成本效益分析之前，有必要对环境立法目的进行问题识别来证明环境立法的正当性。在展开具体分析时还需要对利益受影响的群体展开利益衡量，以定性方法进行辅助论证，以期环境立法既能做到效率最大化，也能追求公平正义价值；既能考虑到经济社会的发展，又能考虑到对生态环境、公共健康的影响。地方环境立法成本效益分析是在资源稀缺的法律现实条件下的有效手段，在提高立法质量、促进科学立法方面起到了基础性作用。

我国最早展开立法成本效益分析的地方人民政府是海南省，其对立法成本效益分析作出了界定，即“根据拟规范的对象和问题的实际情况，预先设定若干种不同的调整方式，并对每种调整方式所花费的立法成本和可能产生的经济和社会效益依照搜集到的分析、评估信息进行分析，然后将几种调整方案的优劣进行比较，并根据社会和经济发展的需要统筹考虑，选择其中的一个最佳方案。这种方法通过对一定参数的对比分析和对群众、专家、学者的意见和建议的分析相结合的方式，对该项立法做出评估结论。这种方式较为客观，评估结论也比较直观”〔1〕。

一、地方环境立法成本效益分析的缘由

在谈及环境保护与经济发展之间的关系时，立法决策者似乎总是作出妥协，为了环境发展而要求减缓经济发展或者为了经济的快速发展而牺牲环境。但科学使用成本效益分析方法可以使保护环境与发展经济二者的关系从对立转变为共存。通过将环境利益纳入成本和效益计算中，从而实现效率与环境保护的双重目的。囿于社会情况的复杂性，问题的解决并不存在最优解，需要在考虑经济、生态环境、技术等各种复杂因素的前提下，尽可能用社会资源消耗较小的办法解决环境问题。因此资源稀缺决定了环境立法决策需要考虑成本，有成本就意味着需要作出抉择，环境立法需要解决各种环境问题，而在成本制约的情况下，环境立法决策人必须在各类环境问题中进行抉择。成本效益分析可以帮助立法决策人从经济效用角度选出更优的立法方案，从而达到环境资源的有效分配和利用。

---

〔1〕《海南省人民政府办公厅关于开展立法成本效益分析工作的实施意见》（琼府办〔2007〕130号，2007年12月10日）。

地方环境立法决策追求科学性与地域性。科学性立法要求科学合理地配置立法资源，用最小的法律资源消耗提供更多的合理方案，形成理性优选。在面对利益冲突时进行利益权衡，形成现实优选，有机融合理性优选方案与现实优选方案，形成为公众所认同的效益最大化的最终立法结果。[1] 成本效益分析方法是针对地方立法决策论证科学性的途径之一，保障了法律资源配置的正当性，帮助确定在环境问题中制定有关解决方案的优先顺序，有助于资源的有效配置，保证将资源从低效率方案配置给高效率的方案。在环境立法面临决策时，起到整合互相影响的多重立法目的，调和不同利益主体的相关权利义务关系，协调各种利益的作用。

近几年，我国地方环境立法虽数量颇丰，但也存在不足之处。如政绩立法，即某些地方人大为了政绩而响应号召，追求立法数量，不顾当地发展实际，调研浮于表面，盲目立项，仓促决定是否立法，使某些立法项目形同虚设。又如立法错位，即立法内容、立法事项权责不清，只起到了宣传作用。更有立法繁复，即单纯重复上位法的内容，不同地方法理法规之间机械性地相互引用法条、重叠交叉，缺乏地域特色，可操作性、实效性也不强。大量珍贵的立法资源被挤占和浪费，环境立法秩序被破坏，动摇了环境法律体系的严肃性和权威性，造成法繁扰民。立法成本效益分析能够针对地方的环境、经济、社会等具体情况，站在客观角度帮助立法决策者展开立法分析，让真正迫切需要的立法项目能及时出台，从而惠及于民于社会。

---

[1] 参见刘少军等：《立法成本效益分析制度研究》，中国政法大学出版社 2011 年版，第 37 页。

二、地方环境立法目的的锚定

识别环境立法目的是确立地方环境立法以及明确立法方向的前提，同时也是开展地方环境立法成本效益分析的基调，它决定了地方环境立法成本效益的具体量化内容。后续的成本效益分析的尺度与范围是随着所涉及的环境立法目的不同而变化的。环境法调整的是人们在进行利用、保护与改善环境的行为中形成的人与人之间以及人与环境之间相互影响的关系。因此，环境立法除了需要遵守经济与社会的发展规律之外，还需要尊重自然规律。在遵循自然生态规律的过程中，人类不合理的活动会引起各种环境问题，而解决环境问题又是环境立法的使命之一。如何界定环境问题是解决环境问题的第一步。界定环境问题包括两个步骤，即识别环境问题与分析环境问题。

（一）环境问题的识别与分析

环境问题的识别是开展环境立法成本效益分析的前奏。通过识别，环境问题可以从纷繁复杂的社会现象中抽离出来，在具体实践中变得清晰与确定。当然，识别不是随意的，可以通过识别环境因素的方法来明晰环境问题的存在。根据 ISO4001 环境管理体系认证确定环境因素识别要求，即识别环境因素应把握三种时态、三种状态、七种类型。三种时态指过去、现在、未来；三种状态指正常、异常、紧急；七种类型指水体、大气、噪声、土地、能源消耗和自然资源消耗、社区问题和地方环境问题。结合环境问题的识别，可先了解环境问题所属的类型，即水体排放、大气排放、废弃物处置、土地污染、对社区的影响、原材料与自然资源的消耗，还是其他具有地方性特色的环境问题，如生态环境破坏、地层下电磁污染等问题。在明确类型后，要考虑环境问题的状态，即是在日常生产生活条件下就会产生的环境问题；还是在可以预见的情况下产生的与正常状态有较大不同的环境问题；抑或洪水、潜在火灾、爆炸、设施设备故障、大规模泄漏、台风、地震等突发情况带来的环境问题。环境问题的识别不仅要考虑状态，还需考虑时态问题。是以往遗留且会持续危害环境的顽疾，如泄漏事件造成的环境污染，还是现阶段因经济社会发展而产生的具有地域性、阶段性的问题，抑或现阶段没有明显危害征兆但对环境具有隐性危害倾向的问题。在识别方法上，可单独或联合使用以下方法进行甄别：实地调研法、专家经验评议法、公众咨询法、调查问题法、对某类产品从原材料生产到最终废弃处置的全部生命周期可能涉及的环境问题进行分析的方法。

识别出环境问题后，需要对此类环境问题进行具体分析。首先，对环境问题的性质和严重程度、产生及其根本原因进行分析。其次，界定受环境问题影响的群体，如企业、个人、消费者、政府等，此类问题所波及的范围与持续的时间也是分析的关键要素。最后，界定问题的解决是否有采取行动的必要，经过合理时间问题能否自动化解，或通过受影响的群体自己采取行动能否得到解决。在界定需要采取行动后，还需界定立法干预的适当性，政府介入的正当性与合法性，即阐述政府规范与改善或解决此等问题之间的因果关系，判断环境问题背后所涉及的利益实际需求或状态与立法所确立的立法目的是否匹配，即需要立法解决的环境问题背后所涉及的利益维护以及利益恢复等活动能否或者在多大程度上能实现相关立法目的。

（二）地方环境立法目的定位

在横向维度上看，环境立法目的的定位主要研究环境立法目的的背后的价值。政府和市场是保护环境、配置环境资源的左右手，政府从宏观领域进行环境管制，市场从微观领域进行环境保护。因此，从外部视角来定位环境立法目的的价值不失为一种良策。基于此，环境立法目的的横向定位可以划分为生态价值和资源价值。生态价值，是指以生态资源和自然资源为核心的价值关系，在环境立法的视角下主要指生态系统及其要素的价值。生态系统的性能完好离不开各个生态要素的稳定运行，因此有利于生态系统完整、生态要素稳定的行为具有正向的生态价值，反之则具有消极的生态价值。资源价值，是指与生态价值相并列的自然资源的使用价值，将自然资源与生态资源分离，使其限定在自然资源的使用价值上。具体而言，对资源价值的定位将围绕自然资源投入生产和再生产的劳动纳入考虑范围，也就是将具有社会属性的交换价值和自然资源的使用价值相结合来定位环境立法目的，即资源价值侧重于自然资源的经济价值。[1]

从纵向维度上看，环境立法目的定位是立法目的的内在逻辑顺序。安全是环境法所追求的价值目标之一，它要求在客观上消除造成不安全的隐患与危险以达到安全的状态，同时追求人类在主观上更高的安全感受，甚至有更高层次的精神享受。[2] 因此，环境立法目的定位的内在逻辑以生态环境安全为基点，分为维系、预防与增益三个层面。维系，是指通过维护生态资源和自然环境的稳定，使生态环境安全的状态、程度等不至于降低或减损，这是环境立法目的定位层次中的最低要求；预防，是指通过维护生态资源和自然环境的稳定的途径来尽量避免未来出现生态环境安全受损的结果或可能，这是生态环境问题本身所具有的严重性、难以逆转性对保障

---

〔1〕参见刘琦：《环境法立法后评估的法理研究》，中南财经政法大学 2017 年博士学位论文，第 96 页。

〔2〕参见刘佳奇：《论环境公共利益的识别》，载《中南大学学报（社会科学版）》2021 年第 6 期。

生态环境安全提出的必然要求；增益，是指在安全的基础上，进一步增加良好生态环境给人们带来的福祉。根据马斯洛需求层次理论的观点，安全处于人们需求的较低层次。这一需求得到满足后，必然追求更高层次的需求，即维护清洁适宜的生活环境以追求更高更舒适的生活品质。[1]

三、地方环境立法成本收益分析方法

通过环境立法目的的识别为环境立法成本效益分析奠定了基调，可以着手开展环境立法成本效益的具体分析。介于环境的特殊性，可以将成本效益分析方法分为可量化的成本收益分析方法和不可量化的成本有效性分析方法。环境立法成本收益分析方法是将环境立法可以量化的成本、收益用货币的形式表示，运用市场中的经济数据比较环境收益是否超过了环境成本从而判断环境资源分配的效率高低。其前提是分析的对象具备市场性、交易性、价格性。

（一）基准线的确定

基准线，是指在不实施拟立法方案的情况下，社会、经济等发展的自然效果。它是对环境立法实施成本效益分析的起点，它反映的是没有立法方案实施的情况。很少有开展地方立法成本效益分析的例子，在仅有的开展立法成本效益分析的地方经验中，如海南、苏州等地政府基本不考虑设定专门的基准线，而是直接对立法实施前后的差异展开分析，将立法实施后带来的影响都当作立法方案的影响。这种方式很容易产生效果误差，立法方案实行后产生影响的原因可能是既有立法的影响的延续，也可能是其他社会发展因素导致的变化，并非仅仅来自拟立法方案。设定基准线可以将不实施该

〔1〕参见刘佳奇：《论环境公共利益的识别》，载《中南大学学报（社会科学版）》2021年第6期。

环境立法方案的各要素现值作为基准参照。基准参照的设定一般可以包括以下几个方面：一是地方经济状况，包括地方人口规模、分布、结构和增长状况，人群健康状况，农业和耕地，经济规模与增长率、人均收入水平等；二是生态环境质量状况，一般包括地方水环境质量状况、大气环境质量状况、土壤环境质量状况、生态系统状况；三是资源禀赋与利用状况，一般包括土地资源状况、水资源状况、能源状况、矿产资源状况、海洋资源状况、生物资源状况；四是相关环境政策情况。〔1〕

基准线的确定一般需遵守两个步骤：第一步是明确环境立法成本效益方法需要分析的问题，选择与该问题相联系的基准线；第二步是对被选择的基准线中包含的相关影响因素进行评价。同时，我们还要关注以下三个方面：其一，基准线的适用需要保持连贯性与一致性，避免出现因标准、条件不一而随意设定基准线，导致无法统一成本效益的情况发生。其二，囿于各类资源的有限性，每一次方案的成本效益分析都不是任意而为，而是有的放矢地关注最重要的影响因素。其三，现实中出现各类环境法律法规政策并存的现象，在确定基准线时要详细分析目前所实施的环境法律法规政策有哪些，哪些独特影响是拟环境立法方案所带来的，哪些是既有方案所带来的固有惯性影响。〔2〕

（二）立法成本的量化

立法成本是法律实现全过程中所有的成本，包括立法过程中发生的成本、执法成本和守法成本。就环境立法而言，立法成本，是指在立法的制定、执行、守法以及其他因立法而产生的实际费用和

〔1〕参见李红祥、徐鹤等：《环境政策实施的成本效益分析框架研究》，载《环境保护》2017年第4期。

〔2〕参见高敏：《论环境立法的成本效益评估》，武汉大学2011年博士学位论文，第70页。

价值性资源损耗。

1. 立法成本的类型

根据环境立法成本的范围界定，可以设计环境立法成本的量化公式：

立法成本 = 立法直接成本 + 立法间接成本

立法直接成本 = 立法过程成本 + 执法成本 + 守法成本

立法间接成本 = 立法显性成本 + 立法隐性成本

综上，立法成本的量化公式为：立法成本 = 立法过程成本 + 执法成本 + 守法成本 + 立法显性成本 + 立法隐性成本。

（1）立法直接成本

立法直接成本，是指地方人大或地方人民政府研究、制定、实行、监督和确保立法方案被遵守所付出的成本。其中包括立法过程成本、执法成本和守法成本。

立法过程成本，是指从法案的起草到法案的公布这一过程所耗费的人力、物力和财力，[1]具体包括了立法制定成本和立法监督成本。立法制定成本，是指从立法方案的提出、调研到立法方案的审议、通过和公布所耗费的成本。立法监督，是指监督主体在其监督权限范围内，依照相应的程序对制定法律法规、规章的相关主体进行监察与督促。需要特别指出的是，立法监督投入成本与法律实施成本之间呈现负相关性，即立法监督投入成本越大，法律实施成本则越小。法律的实施成本与社会收益之间呈负相关性，即法律实施成本越小，社会收益越大。因此，要想使社会收益最大化，减少法律实施成本是必要的，而加大立法监督成本无疑是最好的方式之一。就环境立法监督而言，可以增加立法方案的监测成本，即为了

〔1〕 汪全胜：《立法成本效益评估研究》，知识产权出版社 2016 年版，第 193 页。

保障立法方案的良好实施而需要建立环境监测监管设施方面的投入。如企业在线监测设施的安装运行费用，大气、水环境质量自动监测站的安装运行费用，定期对政府、企业开展环境监督执法的车辆、人员等产生的费用等。[1]

执法成本，是指执法机关在执法过程中所产生的成本。司法机关与行政机关都属于执法机关范畴，故执法成本包括司法机关的司法成本与行政机关的执法成本。司法成本，是指在整个司法活动中司法机关与执法机关为每次运作司法活动所必需支付的人力、物力、财力等资源，包括为完善司法体制所花费的经济支出，以及我国公检法机关的设置、人员的配备、各种软硬件的设置、侦查、审判、监督等运行过程中发生的成本。行政机关的执法成本包括各类相关行政机关的设置、人员的配备、各种软硬件设置、执法前期准备和执法过程中等发生的与该立法方案相关的成本。

守法成本，是指自然人与法人、非法人等社会组织为了遵守法律规定而支付的费用，包括违法成本和履行既定义务而付出的机会成本。其中，机会成本，是指因遵守法律法规而丧失的利益，即如果不遵守法律法规而得到一些不为法律法规所允许的利益。[2] 以企业为例，根据环境法律规定为保护环境而规定减少、防治污染所付出的合规成本，即减排成本。企业这类规制成本通常包括建设成本和运营成本两部分。

（2）立法间接成本

立法间接成本，是指社会净福利的损失。具体表现为法律对经济发展、社会安全、人类健康、环境资源等产生了负面效应而带来

---

〔1〕李红祥、徐鹤等：《环境政策实施的成本效益分析框架研究》，载《环境保护》2017年第4期。

〔2〕汪全胜：《立法效益研究——以当代中国立法为视角》，中国法制出版社2003年版，第70页。

的损失。

显性成本包括一项环境立法活动直接或间接给社会利益相关者造成利益转移，对负利益群体应当给予救济与补偿的成本。显性成本包括：①立法可能引起的经济指标降低的情况；②立法可能造成的税费减少的情况；③立法可能减少企业利润的情况；④立法可能导致新企业的开办或者原有企业破产倒闭的情况；⑤立法可能导致工人失业的情况；⑥立法可能导致工人收入减少的情况；⑦其他耗费。[1] 如在粗放型经济增长方式向集约型经济增长方式转变过程中发生的设备改进、劳动力成本提高、职工失业等，为达到环境保护和生态平衡而关停并转一部分污染严重的企业，企业改进技术、企业裁减员工使部分职工失业、并伴随着物价上涨的情况。[2]

隐性成本，是指环境立法活动对某些人群造成的无形的、不可量化计算的影响，一般是不利影响。一般情况下不计算隐性部分。隐性成本包括：①立法可能导致的社会心理、伦理道德的变化情况；②立法可能导致的居民工作、生活等习惯改变的情况；③立法可能引起的社会其他耗费。[3]

2. 成本计算方式

立法成本涉及的立法资源分别有人力、物力、财力。分别将这些资源量化，可以计算得出立法直接成本。人力资源涵盖立法活动所参与的各类主体，如立法参与的立法机关、履行职责的执法机关、积极配合的立法辅助机构、建言献策的各类学者专家、守法配

〔1〕《海南省人民政府办公厅关于开展立法成本效益分析工作的实施意见》（琼府办〔2007〕130号，2007年12月10日）。

〔2〕席涛：《我们所知道的法律和不知道的法律——法律经济学一个分析框架》，载《政法论坛》2010年第1期。

〔3〕《海南省人民政府办公厅关于开展立法成本效益分析工作的实施意见》（琼府办〔2007〕130号，2007年12月10日）。

合的广大公民等；物力资源则是为了保障从前期立法调研到后续的立法实施等系列立法活动顺利开展的物质设施，如信息须存储的设备、为执法而投入的如交通设备、通信设备等；财力资源包括相关交通费用、住宿费、补贴费、展开调查研究需投入的费用等；时间资源，是环境立法从前期立法准备到执法阶段的时间跨度。[1]

故立法成本 = 人力资源成本（立法机关、执法机关、守法主体等相关主体的日平均工资或薪酬 * 时间）+ 物力资源成本 + 财力资源成本。

介于立法机关和执法机关的立法成本的计算往往以财政预算作为依据，计算相对比较简单，守法主体的成本计算相对比较困难，因此需要对人力资源成本中的守法主体的成本有特别的计算。

公民为配合环境立法的相关规定而履行既定义务的这部分守法成本属于人力资源成本，计算这部分成本可以以义务行为的平均成本（价格）乘以每年履行该行为的总数为基础展开分析。每次履行义务行为的平均成本是以每人每单位时间平均费用（以每一劳动者每小时所产生的平均费用，包括按劳动者人数分摊的企业的一般管理费用为基础计算得出）乘以每次履行义务行为所需要的时间计算得出。行为的数量通过计算义务行为的履行次数与履行行为的主体数量的乘积得出。计量模型是：$\Sigma P * Q$（P 代表价格 = 每人每单位时间平均费用 * 时间，Q 代表数量 = 行为主体数量 * 行为主体平均履行次数）。[2]

（三）立法收益的量化

立法收益的量化，是指对环境立法方案给社会带来的积极反馈的货币化。与环境立法成本量化相比，环境立法收益的量化存在很

[1] 汪全胜：《立法成本效益评估研究》，知识产权出版社 2016 年版，第 200 页。
[2] 汪全胜：《立法成本效益评估研究》，知识产权出版社 2016 年版，第 196 页。

大的难度。但大致可以将其分为可量化与不可量化两个部分。不可量化部分在立法成本有效性分析方法中进行展开，故不在此进行赘述。可量化的立法收益可以分为经济收益、社会收益和环境收益三个部分。量化公式为：立法收益 = 经济收益 + 社会收益 + 环境收益。

1. 立法收益的量化指标

环境立法的经济收益，广义上是指立法对经济产生的积极影响。测量经济效果的不同维度可以大致得出一个相对合理的结论。地方人民政府对立法收益的经济效果测量维度作了相应的规定，具体规定是：(1) 拟设定的制度、措施促进经济发展、方便交易的情况；(2) 立法可能引起的经济指标上升的情况；(3) 立法可能增加税费收入的情况；(4) 立法可能增加企业利润的情况；(5) 立法可能增加就业岗位、促进就业的情况；(6) 立法可能增加就业者收入的情况；(7) 立法可能节约交易成本的情况；(8) 获取市场信息的收益情况；(9) 节约行政成本（包括执行和监督支出）的情况；(10) 降低救济（复议、仲裁、诉讼等）费用支出的情况；(11) 立法增加违法成本（包括制假售假、投机取巧、坑蒙拐骗、尔虞我诈等）的情况；(12) 立法对优化经济环境、保护生态环境和增加经济活动结果的可预见性方面的情况；(13) 其他。[1] 经济效果的测量维度也可以借鉴《欧盟委员会影响评估指引》确立的立法经济收益框架指标，包括内部市场和竞争的作用，竞争力、贸易和投资流动，公司或中小企业的经营成本和行为，企业的管理负担，公共机构，财产权，创新与研究，消费者和家庭，特定地区或

〔1〕《海南省人民政府办公厅关于开展立法成本效益分析工作的实施意见》（琼府办〔2007〕130号，2007年12月10日）。

部门，第三国家或国际关系，宏观经济环境等。[1] 这十一类指标比较全面地涵盖了经济的各个方面。

环境立法的社会收益，是指立法能够取得的积极的社会效果。地方人民政府对立法的社会收益内容作了肯定性规定，具体内容有：(1) 立法可能促进社会公平与正义的情况；(2) 立法可能促进社会秩序尤其是法治秩序进步的情况；(3) 立法可能对人们普遍遵守法律的影响的情况；(4) 立法可能对促进社会道德水平的提高、良好社会风尚的形成的影响的情况；(5) 立法可能对社会科技教育文化进步的影响的情况；(6) 其他。[2]《欧盟委员会影响评估指引》中对立法的社会收益设计了十一类指标可以为我们提供方向上的参考，分别为，就业和劳动力市场，与工作质量相关的标准和权利，社会包容和对特殊群体的保护，两性平等、平等的待遇和机会、非歧视，个人、隐私和家庭、个人资料，治理、参与、改善行政管理、利用司法、媒体和伦理，公共卫生和安全，犯罪、恐怖主义和安全，社会保障、卫生和教育系统的使用和影响，文化，对第三国的社会影响。[3] 对于这十一类指标中能够提供积极效果的部分，可以将其作为社会收益进行计算。

环境立法的环境收益，是指立法实施后对城市及周边环境产生的正面效果，如空气质量的改善、水环境污染的减轻等。也有学者认为立法的环境收益是指法律法规在实施过程中所产生的增强环保意识、保护生态环境、优化生存质量等积极影响。[4] 鉴于地方环

---

〔1〕 European Commission, SEC (2009) 92, Impact Assessment Guidelines, 15 January 2009, p. 33 –34.

〔2〕《海南省人民政府办公厅关于开展立法成本效益分析工作的实施意见》(琼府办〔2007〕130 号，2007 年 12 月 10 日)。

〔3〕 European Commission, SEC (2009) 92, Impact Assessment Guidelines, 15 January 2009, p. 35 –36.

〔4〕 参见杨圣坤：《政府立法的成本与效益分析》，载《法治论丛》2010 年第 4 期。

境的特殊性，不能按照传统思维将环境纳入经济或社会收益中，而是将其作为一项单独的指标进行衡量。按照是否对人体有直接影响，可以将环境法规的收益分为两大类。第一类是对人的身体和其他福利的直接影响。一般是以减少死亡风险和降低发病率这两类健康收益为主。[1] 减少死亡风险的收益通常以统计生命作为测量的尺度。这种测量方法不是将生命作为可以计量的物品，而是看在预期的寿命年限里，分析非致命风险减少的可能性与致命风险降低至特定水平的价格。降低发病率，是指可以减少非致命性的健康风险，如恶心头疼、非致命性癌症等。该类收益通常以特定疾病的统计病例数作为测量的尺度。[2] 第二类是经过一定的程序或系统（如生物过程、生态系统）对人类所产生的间接影响，又可以具体分为生态收益和减少物质实体损害的收益。[3] 生态收益可以分为四类：(1) 直接的市场收益，即生态系统提供可以交易的商品或其他消费品。如废弃物的生存、再生、回收。(2) 直接的非市场收益，该类收益在休闲娱乐、审美等方面具有非排他性的特点。生态系统可以提供休闲、娱乐、审美等服务，个人无须通过交易就能直接受益。这类收益既包括消耗性使用，如休闲性钓鱼；又包括非消耗性使用，如观赏风景、划船。(3) 间接收益，即对生态环境有直接影响，且受惠于人类的收益。这些收益不具有排他性与竞争性，任何人都能因此受惠，如森林调节气候等作用，这属于不可量化的环境收益部分。[4] (4) 减少物质实体的损害，大致包括减少空气

---

〔1〕 参见高敏：《美国环境法规的成本效益评估》，载《环境资源法论丛》2015 年第 10 期。

〔2〕 参见高敏：《论环境立法的成本效益评估》，武汉大学 2011 年博士学位论文，第 76 页。

〔3〕 高敏：《论环境立法的成本效益评估》，武汉大学 2011 年博士学位论文，第 77 页。

〔4〕 参见安祺：《环境问题分析与相关政策评估：经济学分析方法及应用》，中国经济出版社 2020 年版，第 51 页。

污染，减少噪声污染，生物多样性，水质与水源，减少土壤流失、减少海岸侵蚀，气候，可再生与不可再生资源的资源等方面的损害威胁降低。2009 年修订的《欧盟委员会影响评估指引》确立了 13 项指标，具体包括气候，运输与能源，空气质量生物多样性，植物、动物与景观，水质与水源，土质和土地资源，土地使用，可再生和非可再生资源，企业与消费者的环境后果，废弃物生产、再生和回收，环境风险的可能性或者规模，动物的福利，国际环境的影响等指标。欧盟所建立的环境收益指标体系可以作为地方环境立法环境收益内容的参考依据。[1]

2. 立法收益计算的方法

虽然成本计算存在量化难度，但在环境立法领域，收益比成本更难量化。通常立法收益一般使用支付意愿这一媒介，即通过计算人们愿意为达到立法决策所期待的状态支付的具体金额数量来计算立法决策的收益。支付意愿一般通过显示性偏好法与表述性偏好法来获得。[2]

第一种方法是显示性偏好法。这种方法是假设人们在相关市场上的行为可以反映其偏好，因此在不能进行货币量化的情况下，可以使用显示性偏好方法来测量环境立法效益。具体是通过研究公众对环境改善质量的防护支出或愿意采取的行动来推断环境物品及服务的价值，以人们在相关市场的选择来解释公众对环境改善的态度。一般包括享乐评价法、旅行成本法、规避行为法和疾病成本法。

享乐评价法是使用统计方法来测量商品的特征对价格的贡献，

---

〔1〕 European Commission, SEC (2009) 92, Impact Assessment Guidelines, 15 January 2009, p. 37 – 38.

〔2〕 陈鹏：《行政决策成本效益分析的多重机制》，载《中外法学》2021 年第 4 期。

通过一些带有收益端点的属性的商品市场即可获得这些属性的边际价值。[1] 如对死亡率风险的评估：个人在工资与可能死亡或受伤的职业风险二者之间进行权衡，这里的商品市场即为劳动力市场，作为研究对象的商品属性则为死亡或受伤的职业风险，商品价格则为员工工资。其关于工资和风险的替代弹性即可用于推算降低死亡率、受伤风险等的价值。一般起决定因素的是某种受益本身与产品的特征或属性的相关性。如对于噪声价格的评估，可以从有噪声的汽车与没有噪音的汽车之间的价格相对比得出。

旅行成本法通常用于度量环境与生态服务的娱乐价值，旨在通过观察消费者在环境质量和旅行成本之间的权衡来推算环境质量变化的价值。[2] 如在衡量环境资产服务时，其价格可以通过前往该地区的个人或家庭支付费用来进行衡量，因为在获得消费利益和用于消费的时间和费用之间有一个权衡。这些费用可估计为个人或家庭所做的旅行次数和他们花费在旅行中的金额。后者通常包括机票费、出租车、燃料、轮胎的磨损、车辆的折旧等以及花费在旅行上的时间成本。

规避行为法是通过人们为规避不利的环境状况而支付的成本来推算相应环境属性价值的方法。[3] 如通过人们安装空气过滤器、购买预防性医疗或服务、购买清洁用品等支付的花费来估算空气质量价值。在降低患病风险方面的成本，一般其支付意愿由四个部分组成，即治病的实际成本、因病不能参加工作而损失的收入、预防

---

〔1〕 安祺：《环境问题分析与相关政策评估：经济学分析方法及应用》，中国经济出版社2020年版，第398页。

〔2〕 安祺：《中国环境决策费用效益分析的工具选择及应用》，载《环境与可持续发展》2017年第2期。

〔3〕 参见安祺：《中国环境决策费用效益分析的工具选择及应用》，载《环境与可持续发展》2017年第2期。

疾病的花费、疾病产生的负效应。

疾病成本法与规避行为法类似，不同的是疾病成本法使用的是囿于不利的环境状况导致的后果实际支付的花费，其使用的数据可能是与诊断、治疗、康复和住宿等相关的费用，而非预防性花费。

第二种方法是表述性偏好法。该方法是显示性偏好分析方法在不能或存在难以分析的情况下的次优选择，是借助调查问卷等方法询问受访者愿意为达到环境立法方案所预期的效果支出多少金钱，以此来直接获取被调查者对环境物品及服务的价值态度。其特点是直接询问某类群体在假设的市场中的选择可能性，该方法需依赖调查数据。相比于显示性偏好法，此方法有以下几个优点：首先，它不需要明显的市场交易活动的领域作为前提。其次，该方法能够直接排除其他变量，更有针对性地测算人们的支付意愿。最后，由于调查者已经将相关信息充分告知受访者，因而可以避免受访者错误地估计收益价值。[1] 环境的存在价值具有非交易性，获知人们为存在价值愿意支付的价格存在难度。使用表述性偏好分析方法来评估自然资源的存在价值是一个很好的估值方式。如快乐价格是指通过调查问卷的方式询问在明确使用某种自然资源时会产生预期的效果，如享受清新空气、舒适风景等，人们通过一般市场模拟的方式获得与此种程度相类似的效果，需要花费多少金钱，此数额可视为对享受特定自然资源时愿意支付的数值。[2] 虽然学界对表述性偏好分析方法存在很多批评，认为该方法实际上测量的不是存在价值，而是其他事物，人们不会愿意放弃部分收入来换取存在价值。但人们建立自然保护区，恰恰证明人们为了保护自然资源而愿意支付的偏好以及对自然资源的存在价值的认可。

---

〔1〕 参见陈鹏：《行政决策成本效益分析的多重机制》，载《中外法学》2021 年第 4 期。
〔2〕 参见汪全胜：《立法成本效益评估研究》，知识产权出版社 2016 年版，第 213 页。

(四) 立法效益的衡量

立法效益，是指立法收益与立法成本比较所获得的净收益。净收益的大小是环境立法方案是否值得实施以及实施后是否需要修改或废止的参照条件。

1. 净效益总额法

净收益总额法是计算立法效益的基本方法，其含义用公式表示为：NB = B − C。

NB 是指待评价的环境立法方案所获得的净效益总额，B 是指本环境立法方案所获得的总收益，C 是指本环境立法方案所耗费的总成本。根据上述立法成本与立法收益运用相应的计算办法进行计算，可以分析得出两种情形：当 NB 大于 0 时，即净效益总额大于零时，说明待评价的环境立法方案有效益；当 NB 小于等于 0 时，即净效益总额小于等于零时，说明待评价的环境立法方案没有效益。一般在不同立法方案进行比较时，净效益总额越大，环境立法方案的效益越好。因此，在评价多方案时，该方法可以让立法决策者直观判断并辅助其作出决定。但该方法是建立在一定成本的基础上，若一味地增加成本而获得收益，不能代表该立法方案的效益性。[1]

2. 净现值法

现值是发生在时间序列起点处的资金值。净现值法是按照一定的贴现率，先分别计算各个环境立法方案在不同时间跨度中所有成本的现值总和与收益的现值总和，再计算这两者之差。

(1) 计算的关键问题之贴现率。法律的制定与实施都有或多或少的时间延续，即具有法律的时间效力。立法效益在这个时间效力

[1] 刘少军：《立法成本效益分析制度研究》，中国政法大学出版社 2011 年版，第 194 页。

内，因成本投入与收益的获得具有时间上的先后顺序，即具有资金流量过程。环境法更是如此，在环境保护方面投入的成本，需要经过较长时间才能看到环境立法的预期效益的呈现。因此，要客观评价一个环境立法方案的经济效益，就不得不考虑不同时间的资金流量，即不仅要考虑资金流出和流入的数额，还必须考虑资金流量发生的时间，这就是资金的时间价值。在不同时间付出或获得同等数额的资金，其经济价值是不相同的。[1]大部分降低癌症发病率的政策效应都在二三十年后才开始明显显现，解决气候变化问题的政策效应也才在21世纪才开始显现。[2] 介于环境损害具有长期性、潜伏性的特点，环境立法对环境保护呈现的效果也往往需要跨越较长时间，因此计算环境立法的成本效益需要考虑资金的时间价值，运用时间因素进行贴现。所谓贴现，即通过一定方式把发生在未来的费用和效益转化为现值的方式。因此，贴现率，是指在衡量立法效益时需要将一定时间周期内的货币价值都贴现至同一时间点。环境立法适用贴现率是因为分析主体因贴现率而考虑到时间偏好，大部分人更倾向于尽快享用效益而后承担费用。[3] 一般一定数额的成本或效益出现的时间越晚，它们的主观价值越小。贴现率的适用可以引起分析主体对不确定性的重视，介于环境效益的实现有或长或短的潜伏期，立法在未来的收益无法明确，而贴现率可以将这种风险纳入计算中，使分析更合理。在环境保护领域中，一些环境效益实现存在超长周期的相关立法方案，还需考虑代际贴现率。

（2）计算公式。净现值法的公式可表示为：净现值＝未来所有收益总现值－所有成本总现值，即

---

〔1〕 刘少军：《立法成本效益分析制度研究》，中国政法大学出版社2011年出版，第195页。
〔2〕 吴浩、李向东：《国外规制影响分析制度》，中国法制出版社2010年版，第205页。
〔3〕 高敏：《论环境立法的成本效益评估》，武汉大学2011年博士学位论文，第87页。

$$NPV = \sum_{t=0}^{n} \frac{Bt}{(1+i)t} - \sum_{t=0}^{n} \frac{Ct}{(1+t)t} = \sum_{t=o}^{n} \frac{Bt - Ct}{(1+i)t}$$

其中，NPV 为净现值，B 为所有收益总现值，Bt 为 t 年的收益，C 为所有成本总现值，Ct 为 t 年的成本，i 为贴现率，n 为立法方案的生命周期。[1]

在该式子中，$Bt - Ct$ 同时也代表着单位时间的净资金流量。运用该方法的关键是确定适当的贴现率。不同的贴现率会得到不同的净现值，当然也会得到不同的决策结果。确定贴现率的基本依据是筹资成本与社会平均资金使用成本。若以这二者作为贴现率，当净现值为零时，表明该立法方案可以用收益支付筹资成本。[2] 当 $NPV > 0$ 时，表明该立法方案总收益大于总成本，存在净收益，故该方案可以考虑被采纳；当 $NPV \leq 0$ 时，说明该立法方案总收益小于等于总成本，不存在净收益，该方案不予采纳。多种方案进行比较时，净现值越大说明净收益越大，方案也越优。

四、成本有效性分析方法

一般衡量成本与效益存在两种工具：一种是愿意支付，另一种则是愿意接受。愿意支付是指在预算约束下，支付主体有支付能力和支付意愿，其包含了两个条件：一种是具有支付能力，另一种是具有支付意愿，二者缺一不可。[3] 愿意接受，是指法律调整、影响的对象，不具有市场交易性。但保护或提高这些对象需要付出成本，如在社会性监管中，涉及公共健康、环境保护、公共卫生等方

---

〔1〕 汪全胜：《立法成本效益评估研究》，知识产权出版社 2016 年版，第 222 页。

〔2〕 刘少军：《立法成本效益分析制度研究》，中国政法大学出版社 2011 年版，第 195 页。

〔3〕 Sunstein，Cass R，Lives，Life - Years，and Willingness to Pay，COLUMBIA LAW REVIEW，2004，Vol. 104，No. 1，p. 205 - 252. 转引自席涛：《我们所知道的法律和不知道的法律——法律经济学一个分析框架》，载《政法论坛》2010 年第 1 期。

面，因其本身不属于商品，本就不能用价格表示货币数量，也没有交易市场，即使能量化，量化成本也非常昂贵。成本有效性分析方法是分析环境立法对经济、社会和环境的影响，比较投入不同的成本，选择有效成本，即效益既定下的成本最小化，或成本既定下的效益最大化，是解决不具有市场交易性且价值无法估量的对象的有效方法。[1]

成本有效性分析方法是成本收益分析方法的补充，二者的目的不同。成本收益分析方法是需要对所有相关的经济量进行分析，对比不同方案的收益与成本之间的高低，从中选出收益最高、差值最大的方案。成本有效性分析方法一般将环境成本用货币形式进行表示，环境收益用非货币形式表示，无须比较达成环境立法目标所需环境收益和环境成本之间的差值，仅需对一些可供选择的成本支出进行优先分析而无须对健康、生命的经济价值作出分析，只计算每自然单位的立法决策实施效果需要损耗的成本，可以对达到相同结果的干预方案进行比较，因此该方法所需的数据较少，减少了存在明显不同效益类别价值的阻碍。如为每清洁一平方公里的水体制定相关环境立法后，每避免一例过早死亡、每增加一年人均寿命所耗费的成本，在立法决策想要达成的既定目标下，或立法决策所能承受的既定成本中，成本有效性分析方法可以辅助立法成本收益分析方法在不同立法方案中作出更优的选择。(见表 6－1)[2]

---

〔1〕 席涛：《我们所知道的法律和不知道的法律——法律经济学一个分析框架》，载《政法论坛》2010 年第 1 期。

〔2〕 陈鹏：《行政决策成本效益分析的多重机制》，载《中外法学》2021 年第 4 期。

表 6－1　成本有效性分析与成本收益分析的对比分析〔1〕

成本有效性分析	成本收益分析
成本用货币形式表示	成本用货币形式表示
效益用非货币形式表示	收益用货币形式表示
不比较达成目标所需收益和成本	比较达成目标所需收益和成本：是否收益超过成本
非效率分析：用来判断达成某个特殊目标最佳	用来判断资源分配的效率（经济收益分析）
在只有一种候选方案时，成本收益分析没有意义	即使只有一种方案，成本有效性分析可用来权衡收益和成本

在进行成本有效性分析之时，立法成本的计算与成本收益分析方法相同，但立法的预期收益不需要通过量化或货币化的方式呈现。该方法通常包括以下几步：第一步是确定每种立法方案的情形，第二步是确定每一种方案的有效性，第三步是确定每一方案的成本，第四步是基于第二步与第三步确定每一方案的成本有效性。〔2〕成本有效性分析方法所得出的是一个比值，分子式所得出的成本最终产生的结果与分母式分析中所得出的成本，二者比值越大方案越优。该方法在环境保护、气候变化以及全球变暖等方面有较广泛的应用。有学者认为该方法是一种立法决策者在处理环境污染、气候变化等问题时作为一种可以为预知未来提供科学信息的方法。〔3〕如波兰开展的降低空气污染的项目，一项研究通过成本有

---

〔1〕梁美健、赵丽缦：《成本有效性分析方法研究述评》，载《北京工商大学学报（社会科学版）》2013 年第 1 期。

〔2〕梁美健、赵丽缦：《成本有效性分析方法研究述评》，载《北京工商大学学报（社会科学版）》2013 年第 1 期。

〔3〕Alfred V, Schmid G., Cost－effectiveness analysis of air－pollution control measures, Energy, 1991, 16 (10): 1215－1224. 转引自梁美健、赵丽缦：《成本有效性分析方法研究述评》，载《北京工商大学学报（社会科学版）》2013 年第 1 期。

效性分析方法，以区域作为视角，提出解决空气污染问题需要关注国内外的因素，并将之纳入国家发展纲要。[1] 当存在多个方案为了实现同一个目标时，成本有效性分析方法在排除不好的方案方面发挥着积极作用。对于这类没有市场交易性的对象，可以运用成本有效性方法进行分析，通过模拟市场、设计问卷调查，内容包括高低不同的几组价格分布、职业群体分布、收入水平分布、安全健康指标分布，进行社会问卷调查和座谈，从公众选择答案中，看个人、企业和政府能够接受什么程度的价格，通过比较不同价格的投入成本，选择有效成本达到社会效益最大化。[2] 如周晟吕等人通过对上海500位居民开展了关于改善大气环境质量的支付意愿的调查研究，并进一步比较上海主要污染物的减排成本和居民支付意愿，从全社会成本角度进一步开展污染减排具有成本有效性。[3]

五、利益衡量分析

成本效益分析方法存在一定的局限性，即不能正视分配公平的问题。对于利益受损群体的利益限制程度的适当性判断可以通过利益衡量来实现。在适用成本效益定量分析的同时展开利益衡量定性分析，彼此不断往返回顾以保证受损权利不被过度侵害。对涉及环境立法的利益识别与利益权衡是利益衡量分析方法的关键步骤。利益识别是在衡量环境立法方案所涉及的相关利益的第

---

[1] Zylicz T., Cost - effectiveness of air pollution abatement in Poland, Environmental and Resource Economics, 1995, 5 (2): 131 - 149. 转引自梁美健、赵丽缦:《成本有效性分析方法研究述评》,载《北京工商大学学报（社会科学版）》2013年第1期。

[2] 席涛:《我们所知道的法律和不知道的法律——法律经济学一个分析框架》,载《政法论坛》2010年第1期。

[3] 周晟吕、李月寒等:《基于问卷调查的上海市大气环境质量改善的支付意愿研究》,载《长江流域资源与环境》2018年第11期。

一步，其内容从不同角度可以划分为不同类别。从横向角度看，利益可以有平面的类别划分；从纵向角度看，利益有不同的位阶次序。

从横向角度看，利益存在平面的类别划分，不涉及重要性程度的差别。首先，对多元利益的横向解析关键在于完整地分析出所有相关的利益类别。主要通过以利益充分表达为识别利益的有效手段，而后辨析其背后的核心利益。利益表达，是指个人或利益群体在地方环境立法过程中通过一定渠道直接或间接向立法决策者提出意见、主张利益并以一定方式试图实现其目的的行为。[1] 根据该定义，凡是受地方环境立法影响的利益相关者都应该充分表达自己的利益诉求，以期通过从当事人角度出发的事实问题商谈角度来限制权衡者的权力。完善公众参与制度是促使相关利益群体合理合法地表达自己的利益诉求的途径。

其次，需要明晰利益表达背后的核心利益。核心利益有以下几种特性：直接性、必然性、不可替代性。如《宁波市环境污染防治规定》规定在中考、高考期间，对产生环境噪声污染的建筑施工作业、装修活动时间和区域进行相应限制。中高考期间因环境噪声污染而受影响的利益群体的核心利益具备没有外界干预情况下只因约束行为，就与既定利益相关联而需要受保护的直接性，以及中高考生的利益被允许导致其利益受损的必然性，中高考期间限制制造环境噪声污染的相关主体行为是保证考生不被外界声音感染的典型行为，具有必然性。

从纵向角度解析利益，人们对生态环境的利益需求具有层次特点。第一层是满足生存环境需要。土地、水、空气是人类生存的基

[1] 杨炼：《论现代立法中的利益衡量》，载《时代法学》2010 年第 4 期。

本要素，但许多地方以牺牲环境为代价来实现经济的快速增长，如癌症村、水源污染、空气污染等多种综合环境污染现象频发，受影响地区的生存环境状况堪忧，无法维持生命延续。第二层是满足人们对环境质量的物质享受。如因自然保护区受益的利益群体与原本靠本地自然资源维持生计的原始居民的生存权之间的权衡。第三层是实现对个体发展与精神的追求。[1] 环境法在保护环境的同时也必须保证人对精神、尊严的需求。如我国自然保护区的建立，是满足人们对接触大自然的精神需求的体现。

利益识别后，需要在利益受益群体和利益受损群体之间以利益最大化为核心、比例原则为尺度进行利益权衡，以使分配结果公平、成本效益分析方法得出的结论更趋向合理化。利益衡量的前提是利益产生冲突，衡量不是单纯的利益排序。阿列克西认为冲突利弊的平衡必须是证明一方利益的不满足或受侵害的程度越高，另一方的利益得到满足的重要性就必须越大。走进衡量视域的利益冲突不能仅浅表地认为只是利益的相互压制与竞争，而是如何保障利益最大化。在环境立法成本效益分析过程中，环境立法为了实现立法目的极有可能以损害合法利益为代价，正义与否取决于赋予利益群体权利义务的量度，故亟须引入比例原则作为价值标准，适时找出利益平衡点以把握最合理的量度。但比例原则又不能局限于原有之义，而要结合环境立法的特殊性为该原则在环境立法领域注入新释义，即衡量私益与私益之间的关系来考察手段与目的是否合乎比例。[2] 综上，利益最大化是证成利益损害必要性的核心要义，证成的路径通过谨慎适用比例原则来实现。

---

〔1〕 张辰：《自然保护区立法中的利益衡量研究》，吉林大学 2019 年博士学位论文，第 53 页。

〔2〕 程雨燕：《评环境行政处罚决定的“缓期执行”——比例原则的视角》，载《河海大学学报（哲学社会科学版）》2008 年第 3 期。

实现利益的平衡，需要把握“度”。环境立法的特殊性在于利益最大化的表现是将危害进行权衡以保证危害最小化。因此，“度”涉及了弱势群体的倾斜与利益受损群体的补偿。地方环境立法需要关注对弱势群体利益的保障，通过合适的途径与具体的举措来强化实现对弱势的群体利益的保障，但也应警惕并非该群体的所有利益都应被倾斜性保护，要实现实质的公平。涉及弱势群体的生存利益，如生命健康、温饱等底线利益时，地方环境立法必须规定保护的特殊标准。同时在争取利益最大化的结果后，对利益受损群体也必须给予适当的补偿或救济，当利益受损群体中有弱势群体时可以适当给予更多的补助，以弥补利益牺牲者的损失。

第七章

环境地方立法语言规范性达成

2021年发布的《全国人大常委会2021年度立法工作计划》将“自觉遵循立法技术规范，讲好法言法语”作为全面推进科学立法、民主立法、依法立法的基本要求之一。讲好法言法语，规范运用立法语言，是提高立法质量的必要前提。只有讲好法言法语，实现立法语言规范化，提高法案表达效果，才能准确理解适用法律、实现执法司法公正、推进全民守法，提高新时代立法工作整体质效。提升地方环境立法的质量，要依托地方环境立法语言规范的达成。本章将从地方环境立法语言的特性要求、地方环境立法语言失范的具体表现以及地方环境立法语言规范化的达成路径三个方面探讨环境地方立法语言规范性的达成。

一、地方环境立法语言的特性要求

立法语言规范在整个法律语言体系中具有重要的基础性地位。地方立法语言的规范性决定着地方立法环境治理中能否发挥真正实效，切实有效地保障环境治理与保护工作的顺利进行。地方的立法语言是否规范，决定立法本身能否适应地方特色，解决地方实际的环境问题与现状，是地方环境公正执法与公正司法的重要保障。因此，为了真正实现依法治国，保障地方立法发挥实效，必须切实把好立法语言规范第一关[1]。

立法语言规范，是指立法活动中应遵循的语言规范，包括词语规范、句法规范、篇章规范，以及语法、标点符号等语言表达规范[2]。立法语言规范要求立法活动中所使用的语言必须符合立法语言的特性，即准确性、模糊性、逻辑性、简洁性与地方性。

立法语言的准确性要求立法语言应当能够准确表达立法的意图、准确反映现实存在、准确界定权利义务的边界。立法语言通过合理选取字、词、句并且合理运用语言语法及逻辑关系准确来表述立法者的意图。立法语言准确性是法律语言最首要的特征。[3] 用词精确是立法语言准确性的基础。用词精确，是指语言应具有单义性，不能出现歧义。尽量不要选择多义词、多音字、易混字、形近字等，保证所选择使用的字词的相对单义性[4]。用词准确要求普通人以合理常识与善意不会作出其他解释，并且其所使用词语的含义能够准确表达立法者所要表达的意思，以防止出现理解以及适用上的歧义，影响法律的适用效果和相应执法效果。立法语言在表述过程中应当要准确地表述清楚不遵守法律的规定会产生的后果，要明确表述相应的权利和义务。同时，立法语言要做到准确，必须以用词精确为基础、以适度模糊为补充并以逻辑的清晰严谨为保证。

立法语言的模糊性。立法语言中保留一定的模糊性是立法语言的重要特征之一。立法语言表述法律，反映立法者的意图以及现实状况，然而，现实是不断变化的，尤其对于地方环境立法来说，随着科学技术的不断发展和现实的不断变化，立法的需求和意图应当

---

[1] 参见郭龙生：《浅议立法语言规范》，载《语言与法律研究》2020年第1期。
[2] 参见郭龙生：《浅议立法语言规范》，载《语言与法律研究》2020年第1期。
[3] 参见黄震运、张燕：《立法语言学研究概述》（上），载《辽东学院学报（社会科学版）》2013年第8期。
[4] 参见郭龙生：《浅议立法语言规范》，载《语言与法律研究》2020年第1期。

随之发展和变化，但法律本身不可避免地存在滞后性。立法语言永远不可能精确无误地反映现实的情况和需求。因此，立法语言需要相应的模糊性去适应现实情况和需求的变化。模糊是相对于立法的精确性而言的，在立法时保留一定的弹性空间，为适应现实情况和需求的变化而设定一定的范围。比如，相关条文中规定的“如不及时制止”和“受到难以弥补的损害”中的“及时”和“难以弥补”就是具有模糊性的弹性用词，“及时”和“难以弥补”并不是单义性的词语，而是具有一定的模糊性的词语。同时，这种弹性是有边界的，在法律的实际适用过程中，应当能够根据具体的情形作出相对准确的判定。如果将其替换为单义性的明确的用词用语，其将不能够准确适应客观现实的变化和需求，也不能准确反映立法者的意图。因此，适度地使用模糊性的用语，保证了法律能够更好地适应现实的变化和需求。一定程度上模糊的立法语言不仅可以加强立法的稳定性，还能够扩大立法的适用性，为更好地执法提供充足的自由裁量空间，从而保证了执法的有效与科学〔1〕。

立法语言的逻辑性。在立法时立法的语言应当做到逻辑是严谨周密的，尽可能地消除立法语言中的矛盾和漏洞，用语要做合理到准确，表达具体合乎逻辑。使用立法语言时应符合常规，专业术语规范统一，避免使用同义词和近义词，防止出现概念和意思的混淆。对超出常规使用的语言，应严格控制并作出说明。立法语言缺乏其严谨性会造成法律适用上的异议与困惑，立法语言要想做到严谨，必须以清晰的逻辑作为保障。

立法语言的简洁性。立法语言要尽可能地简洁。立法使用的语言文字应尽量通俗易懂，言简意赅，避免冗长繁复，不使用晦涩难

〔1〕 参见郭龙生：《浅议立法语言规范》，载《语言与法律研究》2020 年第 1 期。

懂的冷僻词汇和带有感情色彩的语言，做到用尽可能少的语言表达尽可能多的内容。在运用相关专业术语和法律术语时，应作必要的说明和界定。

地方立法语言的地方性。地方立法语言，是指地方立法主体按照一定的规则表述立法意图，制定和变动在一定行政区域内具有法律效力的地方规范性文件中所用的一种专门语言文字，是一定的意志或利益得以表现为成文法或法的规范的专门载体。地方性是地方立法的灵魂，地方立法语言的存在地方性的特征，我国各地方之间发展存在差异，在地理环境上、气候变化上、文化风俗上都存在差异性，这些差异和不同要求地方立法语言上体现地方的特色性。通过地方的立法语言，有助于我们感知该地区的地方特色[1]。例如，《官井洋大黄鱼繁殖保护区管理规定》中使用了“敲舟古作业”等地方立法语言。这些带有地方特色的立法语言，体现了地方环境之间的差异性，并要求地方立法语言作出回应[2]。

二、地方环境立法语言失范的具体表现

立法语言的规范应当包含具体立法活动中法律的结构编排和语言文字的表述，如法律中编、章、节、条、款、项的安排，法律规范的逻辑建构，标点符号的使用，专业术语的定义等。总的来说，地方环境立法语言失范现象主要集中于立法语言中语言的表述、立法语言中标点符号的使用、立法语言中用词用语使用以及立法语言中语法结构等方面的问题。地方环境立法中语言失范问题具体体现在以下几个方面：

---

〔1〕 曾一凡：《精准立法背景下地方立法语言的规范化研究》，华东政法大学 2021 年硕士学位论文，第 36 页。

〔2〕 曾一凡：《精准立法背景下地方立法语言的规范化研究》，华东政法大学 2021 年硕士学位论文，第 33 页。

第一，地方环境立法中立法目的表述过于宏大、原则，目的条款内容高度重复。以地方的生活垃圾管理条例为例，《鞍山市生活垃圾分类管理条例》的立法目的表述为：加强生活垃圾分类管理，改善城乡环境，促进生态文明建设和经济社会可持续发展。《海口市生活垃圾分类管理办法》则表述为：加强生活垃圾分类管理，提升生活垃圾减量化、资源化和无害化水平，促进生态文明建设和经济社会可持续发展。《朝阳市生活垃圾分类管理条例》表述为：加强生活垃圾分类管理，改善城乡人居环境，促进生态文明建设和经济社会可持续发展。由此可见，三部地方条例立法目的的表述高度重复，难以表现地方特色。在国家层面，《固体废物污染环境防治法》的立法目的为"保护和改善生态环境，防治固体废物污染环境，保障公众健康，维护生态安全，推进生态文明建设，促进经济社会可持续发展"。将上述地方立法与国家关于生活垃圾立法目的的条款相比，发现地方立法目的条款的表述重复性过高，大多照搬上位法，彼此之间借鉴抄袭严重，且缺乏地方特色。地方环境立法目的是回应解决地方环境的立法需求，而不应将其立法目的过于放大。地方环境立法在表述其立法目的可以将其限制在行政区域内进行表述，比如，《厦门经济特区生态文明建设条例》立法目的为"增进民生福祉，更高水平建设高素质高颜值现代化国际化城市……结合厦门经济特区实际，制定本条例"，该表述极具地方特色的表达[1]。

第二，定义条款重描述而轻规范，导致定义条款内容在法体系内规定性不足。地方环境立法必然涉及对环境、污染等科学术语的借鉴与转译，需要在立法中创设大量的新型法律概念。这也就意味

〔1〕 参见林立峰、施志源：《生态文明视域下的立法语言规范化研究——以立法目的条款的规范表述为切入点》，载《重庆大学学报（社会科学版）》2018年第5期。

着地方环境立法中需要通过定义条款对新型法律概念进行描述。地方环境立法的井喷，必然意味着大量新型法律概念的产生。但在实践中，定义条款对概念的描述往往直接照搬环境科学中的定义，而忽视了法律概念本身规范性。法律概念的定义应当是围绕着法律规则展开的，应当由立法者定义和描述，其外延和内涵由立法者确定。当直接照搬科学定义忽视内在规范性时，概念自身的描述就会十分突兀，而在法律适用中存在司法困难。例如，目前各设区市出台的生活垃圾管理条例中规定的有害垃圾定义。一般将其定义为，对人体健康或者自然环境造成直接或者潜在危害的生活垃圾，包含废弃的灯管（日光灯、节能灯）、家用化学品、电池（镉镍、氧化汞）、温度计、血压计、药品、生活用杀虫剂和消毒剂及其包装物等。这一定义采用了描述+列举的定义方式。从环境科学或者环境管理的角度来看，其外延和内涵是相对明确的。但从法律实施的角度看，这一描述方式并不清晰，因为对人体健康或者自然环境造成直接或潜在危害的判断标准并非完全客观的，公众也难以自行判断；该定义所列举的灯管、化学平、电池、温度计等要素也并不完全在有害垃圾的范围内。有害垃圾的认定是由行政主管部门所列举的名目确定的。一般情况下，有害垃圾属于国家危险废物名录中豁免名录的部分。一些地方出台了专门的有害垃圾名录，如海南省《生活垃圾中主要有害垃圾种类目录》。也就是说，要清晰地表达有害垃圾的范围，还必须结合名录，只要列入名录范围内的均属于有害垃圾。条款中关于有害、危害的描述仅仅是列入名录的外在特征，而所列举之事项也仅仅是名录的典型内容而已，并不能完全取代名录的作用。因此，关于有害垃圾的定义条款必须加入规定性“名录”的内容，其内涵与外延才完备，才能无漏洞地适用。

第三，多义词的混用，造成无意识的立法模糊。立法语言当中有一些词语具有多种词义，应当结合立法意图合理地辨析使用该类词汇，防止立法语言模糊，影响立法语言准确性的表达。比如“家庭用餐”这个词就可以表达两个不同的概念：一是家庭成员之间的用餐，表示状态；二是在家庭用餐，表示地点的状语。如在《天津市反食品浪费若干规定》中提道：“倡导家庭用餐采用分餐、公勺、公筷等方式，培养文明健康用餐习惯”，该条立法意图应是指家庭成员之间用餐时，而不是指在家庭用餐。在立法当中如果不注意这类词语的表达，就容易产生概念的模糊或者逻辑上面的错误，从而影响法律的表达。在立法语言中，应严格运用规则和表达方式，将该类词语限制成单意义的表达，如将家庭用餐更改为“家庭成员之间用餐时”符合立法意图的表达。

第四，情态动词的误用，造成职责与职权的混同。立法语言离不开情态动词的使用，如“应当”“必须”“可以”“不得”等情态动词在立法中频繁出现。在地方立法当中，对于情态动词的误用，可能造成职责与职权的混同，严重影响立法语言的表述，造成地方环境立法语言的严重失范。以“可以”为例，在地方环境立法中应将“可以”视为授权性规范，是赋予行政主管部门行政裁量的空间。例如，在某市的条文中规定：“违反本条例规定，未取得勘查许可证擅自勘查盐湖资源的，由县级以上人民政府自然资源主管部门责令停止违法行为，予以警告，可以并处十万元以下的罚款”，可以将其视为“可以”作为授权性规范的应用。对于“可以”这个词的应用，该条中行政机关作为主体能否使用“可以”？似有不妥，因为行政机关不能选择使用权利，应表述为“有权”或者“有……的权利”等其他形式，而非“可以”。在授权性法律规范中，应重视“有权”“有……的权利”等其他形式，在符合其出现条件时，宜尽量使用这些形式而不用“可以”，从而从功能上更清晰地区分出“可以”与这些形式的区别，使“可以”实现多义单一化、角色专职化，使授权性法律规范的不同情况实现同义固定化[1]。

第五，不合理不恰当地使用虚词。在地方环境立法中，常常会出现虚词使用不合理的情形。比如，A 市在其条文中规定：“全省森林覆盖率到本世纪末应当达到 47% 以上”以及 B 市在其条文中规定：“在签约比例达到百分之九十五以上的，协议方可生效。”其中，达到百分之几以上的表述并不合理，属于不当使用虚词。根据相应的语法规则“达到”后面应该跟一个具体的数值或者标准，在立法当中后面多跟标准，而不能够跟一个模糊的数值表达，即“以上”，这样会造成句义模糊，甚至会引起歧义。[2]

第六，立法语言中数字的使用违反规范，前后不统一。比如，A 市在其条文中规定：“全省森林覆盖率到本世纪末应当达到 47% 以上”中百分比数值的立法语言表述不合理，违反了立法语言的规范，应表述为“百分之四十七”。B 市在其条文中规定：“餐厨废弃物处置设施规模达到 100 吨/日以上的建设项目”，重量应用汉字表述，应改为“一百吨”。根据全国人大常委会法工委印发的《立法技术规范（试行）一》的要求，立法文本中的序数词、比例、分数、百分比、倍数、时间段、年龄、人数、金额，以及表示重量、长度、面积等计量数值的数字，均用汉字数字表述。

第七，关于地方立法中政策用语的使用问题。很多的原则条款出现了如“政府主导”“因地制宜”“市场调整”类似的词，该类

---

〔1〕参见殷树林、李依轩：《基于语料库的当前我国立法语言中情态词“可以”考察——兼论我国立法授权性法律规范的技术规范》，载《哈尔滨师范大学社会科学学报》2021 年第 1 期。

〔2〕参见曾一凡：《精准立法背景下地方立法语言的规范化研究》，华东政法大学 2021 年硕士学位论文，第 42 页。

词语的使用并不规范，也不合理。那么在地方立法语言中怎么处理政策用语？立法中的政策用语是对于我国地方立法应体现地方特色性要求的表现，我国各地区之间发展并不协调，通过地方立法结合当地情况因地制宜地调整社会关系，才能保证地方法治更好运行。在原则条款中使用这些政策性词语应当注意“不抵触上位法”，当地方立法调整的事项不抵触上位法，符合地方的权限范围时，才可以合理使用这些“政策性”的词汇。还有一些政策性用语，如“餐桌文明”“健康风尚”等，这类缺乏实质意义的词汇可以结合地方环境的特色将其修改为具有地方特色的表述。

第八，地方立法中有很多技术性词汇的使用，如“山体坡度”等，这些技术性的词汇仅仅考虑技术用语或者科学描述就足够了吗？似乎不是，还需要考虑公众层面的接受程度。对于立法语言中的专业术语的使用，应当将立法语言能够准确表达立法者意图确认为第一目标。无论是日常用语还是专业的术语，其选择的关键应当看哪一种更能体现立法的目的，更能精准地表达法规的内容。从立法的专业性上看，立法不应当追求所谓的通俗易懂而去影响法律的准确性。在通常情况下，在专业术语不影响立法语言的准确性并且能精准地表达立法意图的情况下，应当使用专业词语，保证立法语言的准确性与简洁性。对于上述举例的山体坡度这种技术性词汇，考虑其词义与一般情况下理解的通常含义，即大众的接受程度，使用并不会产生理解上的歧义，能够保证立法的准确性，就可以在立法语言中使用，将其作为技术用语和进行科学描述使用。对于一些大众理解相对困难，词语冷僻或者具有歧义的词语，直接使用可能会影响立法的准确性，如岩质边坡的生态修复这类理解困难的用语，应当通过日常用语表述更为恰当。立法语言要避免使用生僻的字词、方言土语、过度简称等，尽量少用专业性强的术语。用词用语要做到通俗易懂，简单明了，避免产生疏漏和歧义。

第九，立法语言中语法的错误使用。地方立法中，在立法语言的语法方面总是出现大量使用错误的情况，造成地方立法语言的失范状况，对地方环境立法的实施产生理解和适用上的困难。立法语言的语法的不合理使用主要体现在句子成分残缺、词语之间的搭配不当、句式结构混乱等方面。首先，条文语句成分残缺。比如，在某市的地方立法条文中表述为“影响城市各项功能的协调”，存有该表述存在句子成分缺少宾语的情况。[1] 该条规定中的“影响……的协调”，缺少真正的谓语，影响后面应该接一个名词性的短语。可以将协调后面加上工作，城市各项功能间的协调工作形成一个名词性短语，作为该句的宾语使用。其次，词语之间搭配不当。在地方环境相关立法的条文中存在词语之间搭配不当的问题，如在地方立法中表述为“减少城市噪音和粉尘污染”，是动词与宾语之间的搭配不当，“减少”与“噪音”的搭配并不正确。可以将其更改为降低城市噪音和减少粉尘污染，用“降低”搭配“噪音”，使该句的语法协调[2]。最后，句式结构的混乱。在地方环境立法中表述为“有下列行为之一的”，但是在该条文中其所描述的是情形，或者部分描述的是情形部分描述的是行为。应当将“有下列行为之一”修改为“有下列情形之一”或者“有下列情况之一”，句式的结构会更为协调。在各地的地方立法以及地方环境立法中这种句式结构混乱的情况也大量出现。

---

[1] 参见曾一凡：《精准立法背景下地方立法语言的规范化研究》，华东政法大学 2021 年硕士学位论文，第 44 页。

[2] 参见曾一凡：《精准立法背景下地方立法语言的规范化研究》，华东政法大学 2021 年硕士学位论文，第 44 页。

三、地方环境立法语言规范化的达成路径

随着我国法治建设的不断健全，法律、法规的大量颁布，地方立法语言存在失范现象，对地方环境的治理与地方环境的保护产生不利的影响，严重阻碍了环境法治的发展。对于地方环境立法语言的规范化问题迫在眉睫。要解决地方环境立法语言的失范问题，需要全社会共同关注，尤其是立法者的高度重视。

提高立法质量需要依托立法语言的规范化，而立法语言的规范化也彰显了立法质量的提高。一部好的法律，最基本的就是做到立法语言的规范。立法语言是法律语言体系中的第一关。立法语言的规范化可以通过精准使用标点和数字、准确合理选择词汇、保证语言的准确性与模糊性等方面来实现。我国地方环境立法欠缺先进的立法技术。中央立法吸收的是国家顶尖的法律人才进行的立法活动，而在地方却很难做到使用先进法律人才进行立法，以至于地方环境立法在立法技术上有欠缺之处。地方立法是一个关乎整个地区人民行为准则的活动，其必须具有严谨的体系和规范的内容，其语言必须做到字词严谨，严肃准确，同时把握好立法语言方面的准确性与模糊性。环境立法是一件涉及全人类生存的问题，其专业性和严格性要求更高。地方环境立法却很难做到使用成熟的立法技术，总会有所欠缺，常常出现用语不规范、逻辑不严明、依据不准确、规定不具体、考虑不周全等问题，降低了地方环境立法的质量，降低了可行性。

对于地方环境立法语言规范的研究是跨学科的系统工程。要提高地方环境立法语言的规范性，要运用立法学、法理学、行政法、环境法等多部法律及相关部门法知识以及逻辑学、语言学等多元的学科体系知识，运用综合方法，进行深入、系统、精细的研究化。

根据地方环境立法语言失范的现实状况，对地方环境立法语言的规范化路径提出如下建议。

（一）应当把握好立法语言准确性与模糊性的关系

准确性是立法语言的灵魂。如果立法语言不具备准确性，也就不能准确表达立法意图、不能准确界定权利和义务，造成社会大众、执法机关以及司法机关的理解适用困难，同样也不能让人发自内心地遵守法律。地方立法的语言应当能够准确地表达立法的意图以及精神，以便在对法律理解和适用的过程中社会大众、执法机关和司法机关都可以从中找到明确而具体的行为准则[1]。但也应当注意到，法律文本往往滞后于时代的发展，所以立法语言也应当具有适度的模糊性。立法语言反映现实的状况，而现实又是不断变化的，立法语言永远不可能准确无误地反映现实存在。同时，现实虽然是不断变化，但是在一定范围具有稳定性。因此，立法语言所具有的模糊性，可以使立法语言能够据实际需要而进行一定范围内的弹性解释从而去适应现实变化。

社会在不断地发展与变化，环境问题与生态问题的需求也随之不断地变化。[2] 环境立法不能仅停留在对现有环境问题的规制上，还应当对未来可能出现的环境问题和生态情况有一定的预见性，只有这样，环境立法才可能适应未来不断变化的问题与情况。[3] 立法不可避免地需要使用一定的模糊语言。在立法过程中如果只是注重立法语言的准确性而忽略了立法语言的模糊性，会让法律难以适

[1] 参见林立峰、施志源：《生态文明视域下的立法语言规范化研究——以立法目的条款的规范表述为切入点》，载《重庆大学学报（社会科学版）》2018 年第 5 期。

[2] 参见林立峰、施志源：《生态文明视域下的立法语言规范化研究——以立法目的条款的规范表述为切入点》，载《重庆大学学报（社会科学版）》2018 年第 5 期。

[3] 参见董晓波：《我国立法语言模糊性的法哲学分析》，载《语言文字运用》2006 年第 4 期。

应未来现实的状况与发展。立法语言的准确性体现在用词用语的准确严谨，是减少立法语言失范现象的关键。立法语言的模糊性，为地方立法提供一定的弹性空间，适应现实情况的不断变化，是减少立法语言失范现象产生的必要条件。因此，在立法的过程中时，把握好立法语言的准确性与模糊性之间的关系，是提升地方环境立法语言规范化的关键。

把握立法语言的准确性与模糊性间的平衡，要求立法者能够正确地把握立法政策及立法的目的，以立法政策及立法的目的为指引制定法律，准确地将其表述为立法语言。地方立法的起草者，应该当在正确理解立法政策以及立法目的的基础上，结合当地环境的现实状况制定法律，在地方立法上保留一定的弹性空间，保证地方立法在环境问题上的适用性。把握立法语言准确性与模糊性之间的平衡，要求立法者以立法语言的准确性为主，适用运用模糊词语、模糊的表达，使地方立法语言达到稳定度与灵活的统一。应当认识到立法语言的模糊性并不等同于使用上语言的“易生歧义”。立法语言中模糊词语、模糊表达的表述是为了保证法律法规在现实问题上的适用性，而不是在立法中直接使用带有歧义的词语、具有歧义性质的表述，模糊并不等同于歧义。地方环境立法的起草者在制定法律的过程中，应当使用单义性、中性的词语，避免在立法过程中出现具有倾向性的表达。立法过程中对于同类事项的规范用词应具有同一性，对于同一概念以同类事项的表述也应当保持一致。

我们可以参考国外的立法经验借鉴，对立法语言的模糊性进行把控。通过在立法中使用高度程式化立法语篇以及同类近义词的堆积使用，可以从一定程度上减少立法语言的模糊性。[1] 从语篇结

---

〔1〕 参见董晓波：《略论英语立法语言的模糊与消除》，载《外语与外语教学》2005 年第 2 期。

构上看，英语立法语篇一般在“chapter”以下设“article”“section”“a”“i”，内容都是由描写性成分过渡到规定性成分，由颁布命令和/或前言过渡到具体条文。其结构层次分明，都是采用从宏观到微观，从总论/总则到条文，从重要条文到次要条文的语篇结构。这种程式化语篇给所涉及的法律条文、专业术语和概括性词语设定具体的阐释语境，有利于减少曲解或误解法律条文和概括性词语的可能性。同样，[1]程式化的语篇结构还可以给所涉及的法律条文、专业术语和概括性词语设定具体的阐释语境，减少曲解或误解法律条文和概括性词语的可能性，瓦解那些想钻法律漏洞者的企图。[2] 英美国家的法律中，经常在一个句子中并列使用几个近义词。这种将近义词堆积起来使用的目的，是尽量堵住所有由于法律条文的措辞不够明确而产生的模糊和漏洞，限制法官的自由裁量权。

除上述几个方面可以保持立法语言的准确性与模糊性间的平衡外，还可以从吸纳语言学家进立法专家咨询委员会，加强立法人员素质，培养语言与立法交叉方面的人才等方面，提升立法语言的准确性，避免立法语言模糊性的滥用。还可以通过相关的立法解释，限制立法语言的模糊性，保证准确性与模糊性之间的平衡。

（二）从地方环境特色出发，保证地方环境立法语言的地方特色性

当前，我国各地方环境情况各不相同，实际情况和问题差异较大。地方环境立法语言应当反映地方环境现实问题与情况，体现地方特色。当前我国各地方环境立法彼此之间照搬照抄严重，盲目相

---

〔1〕 参见张新红：《汉语立法语篇的言语行为分析》，载《现代外语》2000年第3期。

〔2〕 参见董晓波：《略论英语立法语言的模糊与消除》，载《外语与外语教学》2005年第2期。

互借鉴，或者直接取材上位法，导致地方环境立法语言缺乏地方的特色性，同时也伴随着地方环境立法语言失范现象的产生。比如，具体失范类型中“目的条款中目的的表述过大”和“政策用语使用不规范”都与地方环境立法语言缺乏地方特色性有关。

规范地方环境立法语言，应从其地方环境现实状况出发，保证立法语言的地方特色性。地方环境立法的立法实践存在“抄袭”的现象：简单修改或者重复上位法及中央立法，直接照搬摘抄其他地方的立法。这种现象在目的条款中最为明显，直接导致在目的条款当中其目的的表述过大缺乏地方特色，造成立法语言的失范。这种盲目照搬摘抄的现象在各地的环境立法中普遍存在，直接造成了各地大量的立法语言失范的现象。对于这些失范现象如何避免，进而提高地方环境立法语言的规范化。

一方面，立法时应遵循法制统一的原则，在对相同内容进行规定和表述时，不得与上位法的精神、原则、规定相抵触。在对地方环境问题开展立法工作时，要紧密联系各地方的实际情况，在立法时拒绝“拿来主义”，参考各地方、上位法以及中央立法的相关规定，进行具有地方环境现实状况的地方特色的表达。从地方环境的现实状况和需求出发，要有问题意识，以问题为导向，制定地方环境法律法规，达成地方环境立法的地方特色性，提升地方环境立法语言的规范化。[1]

另一方面，注重地方立法的特色性，应当注意到地方立法的特色性与可操作性之间的关系。实际上，地方立法越具有可操作性，其越具有特色性。地方立法者在立法时如果侧重于“模仿”上位法并实现自身与上位法在体例结构和内容上的“一一对应”，将会导

〔1〕 曾一凡：《精准立法背景下地方立法语言的规范化研究》，华东政法大学 2021 年硕士学位论文，第 53 页。

致国家立法“上下一般粗”，将会导致地方立法缺乏可操作性，同时也会让地方立法缺乏其特色性。地方环境立法规定得越细致，可操作性越高，更有利于解决地方环境的实际问题，地方立法语言也越能体现其特色性。地方立法在立法上面应该对“上位法”进行细化、深化、补充、延伸，解决好上位法在地方实践中出现的新问题，以增强地方立法的可操作性，进而达成地方环境立法语言地方特色性。保证地方环境立法的地方特色性，应当在地方立法的调整范围和调整事项上应当更加精细、更加具体，做到立法“小而精”，而不是“大而全”。立法时应根据本行政区域范围内的现实环境问题及实际需要，结合本地区环境特征，明确其立法的项目，体现其立法语言的地方特色性。立法中应当减少那些“倡导性”“口号性”的规定，直截了当，写明政府的权力与责任、行政相对人的权利与义务，最大限度体现地方立法的价值。通过上述各种措施，做到“小而细”的地方环境立法，保证地方环境立法语言的地方特色性。

（三）构建地方环境立法语言审查程序制度

对地方立法来说，地方立法语言的失范会带来一定程度的消极影响。语言不规范的地方立法文件不能准确地表达地方立法者的立法意图，会给社会大众及司法机关理解、适用地方立法规范性文件带来困难，降低了立法质量，损害了规范性文件的庄严和权威。

在现实的地方立法工作中，审查程序的缺乏，是地方立法语言失范问题频频产生的重要原因。然而，地方立法机关却没有对立法语言审查程序进行制度设计，而只是制定了关于立法技术规范的相关文件。但是，相关文件的落实仍需仰仗语言审查程序的建构。地方立法语言审查程序的确立，有助于立法权的正当有效行使，有助于地方立法语言的严谨、规范。

建立健全关于地方环境立法语言的审查监督的程序，首先，要把对于立法语言是否规范使用贯穿于地方环境立法的始终，包括从确定法律名称到完成立法文本的全过程。[1]其次，要建立健全有效的语言审查程序，需要明确环境法学专家以及立法语言专家在制定立法文本中的分工，尤其要重视立法语言的专家在地方立法语言是否使用规范方面的话语权，以此保障地方立法语言的规范性，避免立法语言失范现象的发生。再次，应当积极扩大我国立法语言审查主体的范围，广泛地吸收社会组织和公众参与到立法语言审查中来，保障公众参与立法工作以及地方立法问题得到及时的反馈。最后，必须要完善立法工作的责任追究制度，对于在地方环境立法过程中出现的使用语言失范的工作失误，应当配备相应责任追究制度，以此保证在地方环境立法工作中语言规范的准确使用，避免立法语言失范问题的发生，借此完善地方环境立法语言的审查机制。对于地方环境立法语言审查程序的构建，应从审查主体和审查程序两个方面进行完善。

1. 审查主体的完善路径

立法语言审查主体，即谁有权审查法律文本的语言表达的问题。立法语言审查主体，是指在法律制定、修改过程中负有审查立法语言职责的个人或组织。其主要包括国家机构、社会组织和个人。[2] 相较于立法主体，立法语言审查主体对国家公权力的依赖程度较弱，甚至在某些程序下并不必然要求公权力的参与，如社会公众审查、专家审查。我国立法语言的审查主体主要可以分成以下主体：立法语言审查机构、专家委员会、公众与社会组织。

---

〔1〕 参见林立峰、施志源：《生态文明视域下的立法语言规范化研究——以立法目的条款的规范表述为切入点》，载《重庆大学学报（社会科学版）》2018 年第 5 期。

〔2〕 张玉洁、张婷婷：《论立法语言审查程序的设置理据与技术——基于韩国立法的经验借鉴》，载《中南大学学报（社会科学版）》2015 年第 3 期。

对于地方环境立法语言的审查，可以创设地方立法语言审查机构，赋予其立法语言的审查和异议权限，保证地方环境立法的规范化，提升其环境立法质量，促进环境法制体系的建设，更好地保护环境提升环境质量，促进生态文明建设。[1] 对于地方立法语言审查机构的设立，应当注重当前地方立法程序的稳定和框架，保证其能合理有效地融入当前立法机制当中，对地方立法语言的准确性、合理性进行审查，保证整个立法程序的高效进行。

对于地方立法中的专家咨询委员会，地方的立法机关及地方人民政府应当积极从高等院校、律师事务所、法律研究领域等吸纳关于法律、立法学、法理学、环境法学、行政法学以及语言学专家人才组成地方的专家咨询委员会，作为具有地方立法语言文字审查权的审查机构，提升地方环境立法的规范化，提高地方立法的质量、科学性以及专业程度。

对于地方立法语言的审查，公民和社会组织作为地方立法语言审查程序的外部审查主体，虽然在地方立法语言审查会受到法学与语言学等专门知识的限制，无法对立法语词、句式结构、篇章结构等作出完全科学、专业的评述，但他们可以从各个角度提出丰富的建议，并促进地方立法工作进一步开展。并且公民和社会组织作为法律的直接受众，可以对法律文本的简洁性、明确性作出最直接的评判。其有助于保证地方立法语言审查的民主性、全面性，有效促进地方环境立法质量的提升。我国在地方立法语言审查机制的主体设置上，应当重视此二者的立法参与作用，充分保障和发挥其地方立法的参与能力。

---

[1] 曾一凡：《精准立法背景下地方立法语言的规范化研究》，华东政法大学 2021 年硕士学位论文，第 62 页。

2. 立法语言审查的具体程序设置

地方立法语言审查程序由六个步骤构成，包括提请立法语言的审查、进行立法语言的审查研读、听取立法起草人的意见、进行论证、提出修改的建议、提交审查结果的报告。这六个步骤应当按照顺序进行，[1]但在对地方立法语言论证阶段，草案起草人对立法语言的运用持有不同意见时，可以重新听取起草人意见。地方立法语言审查程序的步骤缺一不可。具体程序流程如下：

(1) 提请立法语言的审查。首先，由地方立法机构提出法律案，并在完成草案的起草工作后，将地方法律案印发给地方立法语言审查机构。其次，围绕着立法语言的规范化的问题，进行相应的形式审查工作。地方立法机构可以组建地方立法的专家委员会进行立法语言的审查。公民和社会组织对法律案的立法语言规范的审查可以通过网络、报刊等方式公开征询意见和建议。

(2) 进行立法语言的审查研读。审查申请提出后，地方立法机构将法律草案交给地方立法语言审查机构并且组建专家委员会对其进行审查，研究、探讨其中立法语言失范的相应用词用语、标点适用、语法句式、篇章结构等问题。

(3) 听取立法起草人的意见。立法语言审查人员邀请法律案起草人列席审查会议，与法律案起草人当面交流，听取起草人的意见，并针对存在的语言失范现象与起草人进行沟通、讨论。地方立法语言审查机构邀请法律案的起草专家列席审查会议，与其对认为立法语言失范现象进行交流，认真听取起草人的意见和各方的修改意见及相关建议并与之沟通交流，听取相关的意见并做好记录。

(4) 进行论证。召开地方立法语言审查会议，由地方立法语言

---

[1] 张玉洁、张婷婷：《论立法语言审查程序的设置理据与技术——基于韩国立法的经验借鉴》，载《中南大学学报（社会科学版）》2015年第3期。

审查机构的审查人对参与会议的专家及相关审查人员对于法律草案的审查情况、立法语言失范的现象、需要修改的方向及其他相关问题进行说明（包含公民和社会组织反馈的建议和意见）。就上述问题，由与会的专家和相关参与人进行论证，交流并听取相关意见。最后，由会议的主持人负责对修改建议以及论证理由等材料进行汇总整理，并制作形成会议记录。[1]

（5）提出修改的建议。在经过充分听取各方的修改意见和建议、与参会专家和参会人员完全论证即相关讨论之后，听取起草人的相应意见并与其交流后，由地方立法语言审查机构的负责人对立法语言规范的问题提出最终的修改意见，并制作相应修改建议的书面稿，对语言失范问题、修改意见、修改方向、各方意见以及讨论的情况等相关会议情况进行全面的说明。

（6）地方立法语言审查机构提交审查结果的报告，对其中涉及的不同意见和重点问题作出相应的标注和说明其讨论的情况，对于重要的审议意见未采纳的，及时向相关的审查人员反馈。

立法语言审查的期限。关于地方立法语言审查的期限的设计在地方立法语言审查程序中是一个十分重要的问题。审查期间的设定要保证地方立法程序的合理运行并发挥出良好的立法语言的规范效果，同时其也应当保证立法语言程序不会变成语言审查机关的“一言堂”，防止其独断专行，破坏审查程序的良好运行的机制。[2] 期限的合理设定是保障程序良好运行的必备条件，审查期限的设定包括提请审查的时间、审查完成的最终的时间、审查程序中所需的必要时间等。地方立法语言审查期限的主要取决于地方立法的提请审

[1] 曾一凡：《精准立法背景下地方立法语言的规范化研究》，华东政法大学 2021 年硕士学位论文，第 64 页。

[2] 张玉洁、张婷婷：《论立法语言审查程序的设置理据与技术——基于韩国立法的经验借鉴》，载《中南大学学报（社会科学版）》2015 年第 3 期。

查的时间以及审查完成的最终的时间。其提请审查的时间应当是该地方立法法律草案经反复修改、法律草案表决稿形成之前的时间。[1] 审查完成的最终时间应当是地方立法语言审查机构提出法律草案表决稿的截止日期前的时间。由此可以看出，地方立法语言的审查期限十分短暂，需要进一步思考地方立法语言审查期限的设定，结合当地地方情况，进一步完善，尽可能给予地方立法审查机构更为充足的审查期限。

除了把握立法语言准确性与模糊性的关系、保证立法语言地方特色性、“重视立法语言规范表达，建立健全地方环境立法语言审查程序”三个方面，减少立法语言失范的产生，还可以从其他方面对地方环境立法语言的规范表达进行规制，如建立立法语言的人才制度，包括与高校合作，聘请语言学方面的知识人才参与立法的工作，让其从语言规范的角度对地方环境立法的立法语言进行规制，并且加大立法语言的科研教育力度，培养法律与语言学跨学科方面的相关人才等。如加大公众的参与程度、推荐法律评估等活动，加强信息公开程度。通过各种程序上的措施，帮助促进地方环境立法语言规范化的提升，促进法律文本质量的提高。

---

〔1〕张玉洁、张婷婷：《论立法语言审查程序的设置理据与技术——基于韩国立法的经验借鉴》，载《中南大学学报（社会科学版）》2015 年第 3 期。

第八章

环境地方立法规则确定性实现

在地方环境立法实践中，环境法学界、法律实务界对环境法律的确定性不足多有诟病。“立法不够精细”“过度原则和概括”等问题早已成为地方立法实务界与学界的共识。如何实现环境立法的确定，通过技术补强立法的确定性是本章关注的重点。

确定性，是指法律能够为人们的行动提供一个相对明确与肯定的结论并得出一个明确答案的功能。确定性强调规则自身的含义及从规则所推导出的行动结论的确定。[1] 根据法律运作的类型，可将确定性大致分为立法上的确定性和司法上的确定性。前者面向静态规则，侧重语义，以立法技术为核心；后者面向规则解释，侧重方法，以解释技术为核心。本书主要以确定性的规则为重心，即立法的确定性为论述中心，部分涉及司法的确定性。[2]

规则是由法律概念和规则的内容构成，因此，我们可以将地方环境立法规则的确定性分为法律概念的确定与规则内容的确定。

一、法律概念的确定性实现：从描述走向体系

环境法律规则当然是由法律概念组成，因此环

〔1〕 参见岳彩申：《论经济法的形式理性》，西南政法大学 2003 年博士学位论文，第146～149 页。

〔2〕 参见杜寅：《环境立法确定性命题的提出与展开——以固废法体系为例》，载《中国地质大学学报（社会科学版）》2019 年第 3 期。

境立法确定性首先表现为法律概念的精确性。概念的精确性不仅标志着一个学科的成熟程度，而且决定了对外界事物认识的准确性，决定了规则的准确程度。[1] 在德国法学家齐佩利乌斯看来，“法律中的概念应和词语予以区分，语词是表达一定观念内容的符号，而概念则是一个语词所蕴含的观念内容，法律解释的主要任务就是在法律语词的‘涵义空间’内，正确地界定语词中的概念”。[2] 法律概念存在两个具体的面向，作为社会沟通的词语面向和作为法律规则组成部分的规范性面向。前者服务于公众能够理解法律的含义而不至于脱离社会生活的语境，后者服务于规则体系中的内部运作，强调纯粹的法技术运用。因此，法律概念的精确性指向了语义的精确——词语上的意涵空间，与体系上的精确——规则体系中的意涵空间。这类似于德沃金对法律确定性的理解，凭借法律规则与法外因素的双重作用，法官在司法审判中总能够作出正确的判决。[3]

以往我国环境立法中对于法律概念的澄清，要么通过概念的语言，要么通过概念的说明性条款。这种方式始终是借助于语言本身的解释力，属于一种描述性的、静态的方式，并未将概念与法律效果之间的脉络关系表达出来。旺克认为所有法条中的概念都为其目的性服务，这种目的性决定了概念的内容和形式。在目的性实现的过程中，概念的这种“目的性纲领”往往被“条件式纲领”所取代，对法律明确规定的要件事实赋予法律效果。[4] 旺克认为这种

---

〔1〕 参见岳彩申：《论经济法的形式理性》，西南政法大学2003年博士学位论文，第146～149页。

〔2〕 参见［德］齐佩利乌斯：《法学方法论》，金振豹译，法律出版社2009年版，第29～30页。

〔3〕 参见张玉洁：《法律不确定性命题的司法检视》，载《法律科学（西北政法大学学报）》2015年第3期。

〔4〕 参见［德］卡尔·拉伦茨：《法学方法论》，徐显明主编，商务印书馆2003年版，第357页。

条件式的纲领能够以“易于确定”的方式来规定概念的要素，使概念的构成要件与法律效果之间的脉络关系表达出来，并且一直贯穿到下位概念的最深处，反对应用一些直接将法律目的表达出来的概念。[1] 旺克对概念建构和解释的观点是启发性的。依照旺克的理解，法律概念应是若干法律规范共性内容的抽象，若干法律条款与文字共同支撑了法律概念的意涵空间。因此，对于法律概念的建构，描述性的说明条款仅仅是一部分，通过概念的相关条款对概念核心要素的效力关联才是真正意义上的法律含义澄清。

一个相对确定的法律概念包括以下几个要素：目的、内容、主体、法律效力、法律形式和关联性。(1) 目的指向的是法律概念的价值偏好与利益选择。法律概念越抽象，其所指向的目的越抽象，反之越具体。目的要素往往蕴藏在立法目的条款中以及制度规范的目的措辞中，通过体系解释的方式，能够把握目的要素的内容。(2) 内容要素所指向的就是概念的外延与内涵。内容要素并非仅仅蕴藏在说明条款之内，诸多使用法律概念的条款均是对内容要素的丰富和完善。(3) 主体是与法律概念有关的法律行为涉及的法律主体。主体的确定意味着法律概念影响对象的确定。(4) 法律效力是指法律所具有或者赋予的约束力，其指向某种行为或事实在法律上的效果。(5) 法律形式是概念所涉及行为的法学范畴归属，其决定了概念的法律效力——对应的法律后果或法律责任。例如，立法出现“规划”概念时，需要对“规划”概念的性质进行认定，认定其属于抽象行政行为还是内部行政行为，确定相应的法律形式后，概念所对应的法律后果或责任才能够确定。并非所有概念都涉及概念关联性，关联性是一种选择性的要素，通过关联性要素内容明确

---

[1] 参见［德］卡尔·拉伦茨：《法学方法论》，徐显明主编，商务印书馆2003年版，第358页。

概念与其他概念、条款的关系，从而从侧面厘定法律概念的内容。需要再次澄清的是，上述要素并非呈现在某一个或者某几个说明条款中，而是体现在与法律概念相关的全部条款之中。以德国《循环经济和垃圾法》中的“废物经济计划”概念为例，相关概念要素如表8－1所示。[1] 通过对德国“废物经济计划”概念要素的梳理，不难发现“废物经济计划”内涵丰满明确，其法律性质、实质内容、效力边界均有明确的法律条款提供支撑。法律概念因规则对概念的衔接而明确，亦因规则的具体适用而获得了实践的解释力。此时的法律概念不再是一个单纯语义上的概念而是规则的集合概念。通过规则体系界定的概念内涵并非一成不变，可以随着规则的供给状况和解释状况发生变化的，更具有法律适用上的灵活性，而不会因语义的过度限制而导致司法适用的窘境。尽可能穷尽概念所能涵盖的要素，并明确要素与法律规则效力之关联，使法律概念与体系内的法律规范相互耦合。

表8－1 德国《循环经济和垃圾法》中“废物经济计划”概念要素分析表[2]

概念要素	条款依据	内容
目的	第1条 第19条第1款	宏观目的：促进循环经济，保护自然资源，确保废物按照有利环境的方式清除。 具体目的：监测废物制造者

[1] *Act for Promoting Closed Substance Cycle Waste Management and Ensuring Environmentally Compatible Waste Disposal*, www. umweltbundesamt. de.

[2] *Act for Promoting Closed Substance Cycle Waste Management and Ensuring Environmentally Compatible Waste Disposal*, www. umweltbundesamt. de.

续表

概念要素	条款依据	内容
内容	第19条第1款 第19条第5款 第5条第4款 第29条 第15条	需要监测废物的说明；减量、再利用、清除的措施；废物清除的必要性；下一个五年计划的清理途径说明； 公共清除人员利用和清除本地废物及转让的说明； 可能经济价值与预处理废物的说明； 跨区域废物经济计划的要求； 公共清除人员的义务
主体	第19条第1款 第19条第4款 第19条第5款 第29条	特定废物制造者、废物主管部门 联邦政府 公共清除人员 州政府
关联性	第16条 第18条 第20条 国家土地规划法第5条、第4条	委托第三者义务 协会所承担任务 废物平衡表 国家土地规划法和州计划目标
法律形式	第19条第1款	废物经济循环计划作为内部计划工具
法律效力	作为内部计划工具存在，并非强制义务，并未有对应的法律责任，其作为行政主体与行政相对人履行义务参考依据存在	

二、环境行政赋权性规则确定性的实现

环境法中赋权性规则确定性问题最主要体现在地方立法中环境行政主管机关职权条款与其职责条款、义务条款的混同。造成这一混同的主要原因在于我国传统行政法理论对职责与职权认识上的偏差。欲实现行政赋权性规则的确定性，必须从理论上将行政职权与行政主体义务相区分，并在法律文本中对赋权条款进行规范性的法律表达。可以将规范确定性要求的实现理解为规范内容的细化。行政赋权规范的确定性要求应当从以下几个方面予以实现：

首先，在赋权性条款中附带行政主体义务。为了平衡行政主体的权力与义务设置，使赋权条款能够有效地使权力行使者行使职权，应当在赋权性条款中附带行政主体义务。需要特别指出的是，这种义务限制往往是程序上的义务，我国地方环境立法中均已经有一些行政程序规则，国家层面的行政程序法也可能在不久的将来会颁布实施。但是，专门的程序规则制定并不能代替赋权条款中附带的行政主体义务，原因在于赋权条款中可能附带的程序义务更具有针对性，可以附带规定这一权力行使的具体范围、时效限制、程式和顺序、制约条件等。[1] 这样便可以使权力的行使不至于超出必要的范围。

其次，关于含有量词条款的附带说明。量词的不恰当运用是授权法规范术语存在的又一问题。地方环境立法中存在大量不确定的量词，如“有关行业、专业等”“符合法律法规规定的要求”“等区域”等。这些不确定的量词实际上赋予了行政机关在执法过程中广泛的行政自由裁量权，行政主体常常根据自己的理解和判断确定这些量词的具体内容。在法律文件中，含有量词是不可避免的，对于赋权规范中所涉及的不确定的量词可以采用附带说明的立法技术予以解决。所谓附带说明，是指涉及不确定或者尚待确定的量词时，应在这一法律条文之后专门列一个量词说明表，对于不确定的内容予以量化，并使量化的内容达到行政主体不能再作裁量的地步。在国家法律赋权性规范中，对于重要的量词限制可以采用列举＋描述性规定的方式，如可使用“国家在重点生态功能区、生态环境敏感区和脆弱区等关系国家大范围生态安全区域”的表述，或在法律附录中予以列举。例如，德国《废物避免、回收及处置法

---

〔1〕 参见张淑芳：《行政法规范术语与行政权范围问题探析》，载《时代法学》2005 年第5 期。

案》就以附录的形式列举了需要回收和处置的废物。这一点值得我国单行立法借鉴。对于法律层面的法律指引量词“相关法律法规”“法律规定和检测规范”，应当以明确的方式进行立法牵引。我国《环境保护法》第47条第1款规定：“各级人民政府及其有关部门和企业事业单位，应当依照《中华人民共和国突发事件应对法》的规定，做好突发环境事件的风险控制、应急准备、应急处置和事后恢复等工作。”该规定明确进行了立法牵引，是非常值得地方环境立法借鉴的。对于地方环境立法中的赋权性规范的量词，在草案起草环节应当以表格的形式列举出来，在其后将已经有的标准和要求全部列举出来，便可以避免各方面的争议。对量词进行附带说明是一个非常重要的立法技术，这一立法技术的主要功能在于将行政权行使过程中的问题尽可能在立法阶段就解决好，而不要将有关的矛盾带入执法阶段。[1]

最后，法律用语的规范。法律用语与日常生活中的用语虽有一定关联，但由于法律的简练性、规范性，要求法律用语必须区别于日常生活中的用语，同时也应当区别于政策用语。无论在抽象性方面还是在准确性方面它都必须高于日常生活中的用语，尤其不能以口语来代替行政法规范术语。[2] 地方性立法层面上的口语化、政策化倾向非常明显。例如，某市生活垃圾管理条例中规定“生活垃圾分类管理，应当遵循政府主导、全民参与、城乡统筹、因地制宜、创新发展、系统推进的原则，提高生活垃圾减量化、资源化和无害化水平”。本条连续运用六个四字词语，多为政策用语。这种表述方式使行政管理相对人几乎难以找到与自身利益有关的具体标

---

〔1〕参见张淑芳：《不可操作的行政法规范研究》，载《河南省政法管理干部学院学报》2005年第6期。

〔2〕参见张淑芳：《不可操作的行政法规范研究》，载《河南省政法管理干部学院学报》2005年第6期。

准，不利于行为的预测。相反，行政主体则可以依这样的口语化表述对法律规则赋予自己的权力进行随意解释。因此，有必要规范法律用语，杜绝生活化用语。事实上，义务规则内容运作程序、权力发动条件与场合、权力行使合理期限、权力性质等要素化的方式在一定程度上已经限制了用语的口语化。口语化、概括化的用语在一定程度上伴随着立法者的主观态度，本质上源于国家立法信息的不充分。在当下，我国环境立法呈现井喷之势，有大量可供参考的具体立法规则，从术语到内容都极具针对性。国家环境立法可以从中借鉴有益经验和术语表达。

三、环境法义务性规则确定性的实现

法律义务性规则是法律中最为基础的要素。从形式理性的角度看，法律目的、原则所蕴含的价值理念最终要通过法律规则予以准确地表达，而赋权性规则也最终会通过行政与司法自由裁量权转变为义务性规则，因此义务性法律规则构成了整个法律的基石，也是法律系统中实现结构认知开发与运行上的自我指涉的最终落脚点。形式理性的法对义务性规则提出了确定性要求，这是法律系统结构封闭性的微观体现。我国地方环境立法中义务规则主要存在结构不完整、内容确定性不足等问题。根据张淑芳教授的行政法义务设定规则理论，[1]义务规范的确定性要求可总结为三个方面：可操作性要求、具体化要求、权利与义务平衡要求。

（一）可操作性的实现

可操作性要求，是指义务规范的内容具有可操作性。一方面，要求义务承担者能够承担相应的义务，这是对行为模式内容“量”

---

[1] 参见张淑芳：《行政主体义务设定的法律规则研究》，载《法商研究（中南政法学院学报）》2001年第6期。

上的要求。义务承担者若根本无能力承担相应义务，则意味着失去承担法律责任的必然性，那么规范相对人行为的目的就必然会落空，与权利、义务设定的初衷相违背。环境法规范中几乎没有涉及义务内容的“量”超过义务承担者能力的规范，这并不是本书重点探讨的内容。另一方面，要求法律后果的落实具有可操作性，这一要求主要针对的是环境法普遍采用的倡导性规范。从规范性质来看，倡导性规范属于必为义务性规范。例如，《水法》第51条第1款规定：“工业用水应当采用先进技术、工艺和设备，增加循环用水次数，提高水的重复利用率”；《环境保护法》第40条第3款规定，“企业应当优先使用清洁能源，采用资源利用率高、污染物排放量少的工艺、设备以及废弃物综合利用技术和污染物无害化处理技术，减少污染物的产生”。上述两款规定中所使用的“应当”决定了其属于必为义务规范，但是“先进”“优先使用”等词表明其并不是绝对义务性的内容，而是倡导性的，而且此类规范不存在相应的法律后果的规定。倡导性规范不能被强制执行，义务人是否依据法律规定履行了该条款是难以辨别的，即使通过某种主客观标准，能够认识义务人并没有履行义务，对义务人的法律后果也难以落实，该违法行为既难以进入司法程序，又难以被强制执行。[1]倡导性法律规范无法律后果，行为模式的内容也不具备确定性的，从形式理性理论的角度看，其不能形成法律运行的封闭，难以实现法律规范性预期的功能。因此，建议在环境法律中应慎用倡导性规范。对于此类规范，建议将其转化为行政主体的义务规范，即当行政相对人做出相应的倡导行为，行政主体应予以鼓励。这就将公民、企业的倡导行为转化为在做出倡导行为后，行政主体鼓励的必

---

〔1〕参见张芃：《法律义务条款及其规范设置研究》，山东大学2015年博士学位论文，第78～90页。

为义务。如果现实条件决定了不能转化为行政主体的必为义务，那么倡导性规范不应出现在法律规范体系中，而应通过政治系统、道德系统予以调整。

（二）具体化的实现

具体化要求，是指规范的内容应当尽量细致明确，义务人能够通过规范明确自身义务的内容及可能的法律后果。具体化要求是法律规范确定性要求中最关键的要求，关系着可操作性要求与权利义务平衡要求的实现。关于规范法律用语的规范化以及量词的说明条款，上文已经论述。这里主要讨论行政立法对义务规范内容的具体化问题。对行政相对人义务规范的理解，不能仅通过《环境保护法》或单行法等法律中的义务条款来理解，还需要结合配套的行政法规、部门规章与地方性法规。原因在于，对于公民、企业等设定义务规范，其义务的内容应当尽可能明确而具体，这就意味着对义务规范的行为模式、法律后果的文字描述极其庞大，同时有许多关于义务内容的程序性规定属于行政立法调整的范围，因此在法律层面穷尽义务规范的内容是不可能也不必要的。法律层面具体的程度在于能够明确行政权力行使与行政立法自由裁量权的范围，防止权力的恣意，属于程序规定和涉及行政专业性质的内容，交由行政立法予以规定。行政立法需根据法律所规定的义务内容，结合行政权的专业性制定配套的行政法规对义务人的义务予以细化。同时，在行政立法的过程中也会对行政相对人义务的履行向配套的行政主体义务进行规定，如公民的垃圾分类义务的履行前提是行政主体对垃圾的种类进行明确的划分和相应分类处理设施的建设。因此，无论从义务内容的细化来看，还是义务履行的必要条件来看，均需要行政立法发挥作用。但通过梳理法律文本发现，我国环境法有相当数量的法律层面的义务规范缺少行政立法的细化而导致履行的不能。

例如，《水法》第51条第2款规定，“国家逐步淘汰落后的、耗水量高的工艺、设备和产品，具体名录由国务院经济综合主管部门会同国务院水行政主管部门和有关部门制定并公布。生产者、销售者或者生产经营中的使用者应当在规定的时间内停止生产、销售或者使用列入名录的工艺、设备和产品”。企业禁止使用落后、耗水量高的工艺、设备和产品义务履行的前提是国务院制定相关具体的禁止名录，但是事实上自《水法》2002年修订实施后，直到2015年国务院才制定了《高水耗工艺技术和装备淘汰目录》，且内容仅限于部分行业，远未覆盖全部高耗水行业。2002年至2015年，10多年时间内容，企业的义务是无法履行的。《水法》第51条自颁布之日起实际上就为行政主管部门设定了必为的立法义务，这一义务的履行是保障《水法》第51条义务条款内容具体化的前提。这一情况并非个别条款，在《水法》、《水污染防治法》、1989年《环境保护法》等立法中十分突出，尤其是在环境技术性文件的制定领域，如各类特殊环保名录、规划、标准等。现阶段我国环境立法较为频繁，应及时根据法律规范中的义务内容颁布制定配套的行政法规，同时应建立起行政主体及时立法机制及立法不作为责任中的追究机制。

（三）权利与义务平衡的实现

权利与义务的平衡要求义务规范中义务承担者的义务应当与其所享有的权利具有对等性，同时义务承担方的义务与权力方的义务也应具有对等性，这一要求在赋权性规范中也有所体现。权利与义务的平衡要求在义务设定时应同时兼顾其相配套的权利，具体到行政相对人的义务规范中就是在设定义务的同时，应考虑相对人所具有的权利能否制约权力的滥用。最为典型的就是环境法中环境行政许可义务设定后对行政相对人的各类参与权、救济权的规定。这类权利一般属于公法上的程序性权利。在此，本书欲引入两类学界并未关注的程序性权利。一是了解权，二是抗辩权。所谓了解权，是指行政相对人有权了解行政机关作出的对其权益产生影响的行政行为，包括这一行政行为的事实依据和法律依据。这一权利类似于行政执法中的表明身份，这一权利的设置并不会影响义务的实质内容，同时有助于监督权力的运作。另一权利为抗辩权，在义务条款之外，可规定行政相对人和其他利害关系人一定的行政抗辩权，通过抗辩权的行使可以对自己承担的相应义务提出异议，行政主体依职权对行政相对人提出的异议进行实质性审查，根据审查的情况决定行政相对人是否承担义务。[1] 抗辩权的行使能够有效地纠正由于义务规范内容不准确而导致的行政权泛化，同时亦不会对义务内容本身构成不当干预。需要特别强调的是，上述两种程序性权利不宜单独构成法律条款而普遍适用，而应当根据义务规范的具体需求，在特定的义务条款中予以规定。

---

〔1〕 参见张淑芳：《行政主体义务设定的法律规则研究》，载《法商研究（中南政法学院学报）》2001 年第 6 期。

第九章

全过程人民民主与地方环境立法

民主立法是我国立法制度构成和运作的基本原则。我国《立法法》第6条规定："立法应当坚持和发展全过程人民民主，尊重和保障人权，保障和促进社会公平正义。立法应当体现人民的意志，发扬社会主义民主，坚持立法公开，保障人民通过多种途径参与立法活动。"2014年，中共中央在《关于全面推进依法治国若干重大问题的决定》中提出了要深入推进民主立法的要求。2019年10月，中共中央又在《关于坚持和完善中国特色社会主义制度、推进国家治理体系和治理能力现代化若干重大问题的决定》中，提出了要坚持科学立法、民主立法、依法立法以及完善立法体制机制的要求。同年11月，习近平总书记来到上海长宁区虹桥街道古北市民中心考察时对新时期民主立法提出了新的要求。总书记指出，"我们走的是一条中国特色社会主义政治发展道路，人民民主是一种全过程的民主，所有的重大立法决策都是依照程序、经过民主酝酿，通过科学决策、民主决策产生的"，即全过程人民民主立法。

立法是地方环境治理的源头，法律实践中遇到的诸多治理难题追根溯源还需回到立法中寻求答案。新时代新形势下推进地方环境立法的民主建设不仅是对公众期望参与地方环境立法的回应，更是地方立法工作的一次重大完善。在新时代下推进全过程人民民主理念融入地方环境立法，提高立法质量，应做到以下几点要求：(1) 问题导向意识。地方环境立法工作应更关注本辖区内突出的环境问题，减少过多重复上位法的立法机关“空转”现象。在此基础上，民众才能提出更多关乎自身的建设性意见，民主参与立法的优势才能显现。(2) 开放合作的理念。立法机关应广泛征求民众关于环境治理的意见，尊重民众不同的价值选择与偏好，包容分歧，做到“有事好商量，众人的事情由众人商量”。(3) 更具可操作性的民主机制。全过程人民民主的实现有赖于更为完善与创新的民主参与机制，立法机关应在信息化建设中整合立法的信息资源，推动现代信息技术与人大履职行权深度融合，打造全过程的环境立法民主参与平台，不断探索丰富民主参与立法的新形式。

一、全过程人民民主立法的意涵与要求

“全过程人民民主”是基于中国过往民主的实践经验与积累，同时融合了新时代民主政治发展的新要求与新方向而高度抽象概括出来的“中国式民主”，蕴含了丰富的民主内涵与中国智慧。关于人民民主，习近平总书记有精辟的论述：“民主不是装饰品，不是用来做摆设的，而是要用来解决人民需要解决的问题的。”民主所需要解决的“问题”是什么？这一“问题”是“人民”而不是其他主体想要解决的问题。这阐明了社会主义民主的人民属性，人民民主的推进要有更明确的现实导向性与强烈的问题意识，才能同人民的利益实现相关联。全过程的民主展现了民主政治工作的连续性，将民主参与贯穿于社会治理的所有阶段，是实现人民当家作主的宪法要求。换句话说，社会主义的人民民主正如习近平总书记所作出的论断，是“最广泛、最真实、最管用的社会主义民主”。新时代为推动地方立法中的民主参与制度建设，还需深入探究全过程

人民民主的内涵和要求，创造民主参与立法的新常态。

（一）“人民民主”的三个维度

人民在我国政治生活中具有无可比拟的重要地位，建设民主参与立法的各项制度是为了团结和凝聚人民的共识，实现人民利益至上的目标。全过程人民民主立法语境下的“人民民主”相较于过去的民主更符合新时代地方立法的新要求，对于此种极具中国特色的社会主义人民民主理念，我们可以从以下三个方面理解其与以往民主观念或者西方民主制度的差异：(1) 全过程人民民主理念在具体的民主政治制度中并不看重投票选举的形式，而是注重民主的真实性。(2) 人民民主制度的机能一定是服务于最广大的人民群众，而不能成为利益群体角逐的工具。(3) 人民民主在实现最广大人民群众呼声的基础上，更为关注最弱势群体、最需要帮助的群体的声音。

首先，全过程人民民主所要实现的是实质民主，关键是衡量民主制度是否真实有效的标准不在于人民群众是否行使了投票参与的权利，而在于人民群众是否通过参与实现了其美好期望与诉求，解决了其关心的现实问题，否则投票选举式的程序制度会像一场无始无终的过场行为。在一些国家的地方立法民主参与机制中，许多地方立法机关将民主参与机制与立法过程技术的调整作为重中之重，但对于民主参与的实效保证机制没有足够的重视，可以说这种立法有了足够的“形”，但缺乏坚实的“神”。在地方环境立法活动中，这种投票制的民主形式因此招致许多人的批评，列宁也指出，“凡是实行议会制的地方，都实行并且承认民主的代表权。但是，这种代表权只限于人民两年有一次投票权”，而且往往是“靠人民的选票当选的人，却去帮助镇压人民，而人民则没有撤换和采取有效制裁措施的民主权利”。[1]

其次，全过程人民民主所要实现的民主是全社会最广大人民群众的民主，这种民主追求与西方所谓的民主理念是截然不同的。我们社会主义国家的统治阶级是广大的人民群众，我们所奋斗的目标方向是一致的，因此全过程人民民主立法理念下不同声音的利益诉求不是不同利益群体的争论，而是广大人民群众中不同层次的不同关切。相较于西方利益派别的争斗，我国可以集中全力为人民做大事、做好事。我国自改革开放以来经济建设取得巨大成就，经济总体量快速追赶上来，但也产生了地区发展不均衡、居民贫富收入差距大的问题，产生了人民群众中不同层次利益诉求的差异。地方环境立法中更多需要关注的是遵循为人民谋利益、谋发展的方针，统筹不同层次的利益诉求，避免或者减少因某一种声音的高呼而忽视其他人民群众对于环境治理的合理期许的情况。地方环境立法的作用在于回应地方人民群众对于生态环境的美好期望，而不能异化为某些利益群体通过立法的方式固化和维护自身利益的工具，因此，立法权力的行使离不开最广大人民群众的监督，由此而形成的环境立法才可以被更广泛的人民群众接受。

另外，人民民主的内涵中应当包括对于最弱势的、最容易被忽视的人民群众的照顾与倾斜。部分人民群众因其经济水平、政治素养等种种原因在民主参与制度中居于弱势的地位，但社会主义人民民主制度的要求是不能放弃任何一个拥护社会主义制度的人民。网络渠道和实名举报等方式是反映问题的重要渠道，网络平台可以通过广泛的社会舆论放大他们所想表达的声音，通过这种“放大问题”的形式使有关单位及时处理问题。在地方环境立法中，践行全

[1] 《列宁全集》(第33卷)，人民出版社1992年版，第106页。

过程人民民主立法理念要求立法机关改变被动的民主参与形式，不能等着人民群众通过划定的沟通渠道来反映意见，特别是在网络信息时代，一些群众无法通过或者难以通过网络媒体渠道参与其中时，立法机关应当建立主动向弱势群体收集建议的识别机制与沟通渠道。最弱势群体可能因客观条件的限制没有机会或者没有热情参与环境立法，对环境立法即使有切实的意见建议也不会积极参与。环境污染的隐蔽性也会导致立法机关可能无从得知某些环境问题的严重性，反而一些偏远地区的人民群众是离污染破坏最近的发现者与受害者。对于最弱势群体在地方环境立法上的关怀意味着地方环境治理的成果可以为其所共享，而不是让其成为地方环境立法中的“透明人”。

综上而言，我国的政体以及政党的宗旨决定了立法机关以及政府部门行动的宗旨是为人民服务，地方环境立法中所要贯彻的人民民主是真实的，因为其不仅能避免只有投票时被唤醒、投票后就进入休眠期的形式主义民主，更重要的是其具有强烈的现实关怀与问题导向的特征。在地方环境立法中，民主立法的主旨在于解决人民群众关心、体现广大人民群众利益的问题。人民民主立法要求立法文件在内容上体现和表达人民的意志以及人民的利益要求，要求在立法活动和过程中，通过民主的制度保证人民参与立法，实现人民意志的法律化。只有通过民主的程序及活动过程，人民的意愿及要求才可能得到集中，人民的统一意志才可能形成和最终通过法律得以表达。这是一切权力属于人民的最集中体现。

（二）“全过程”的意涵与要求

全过程人民民主不仅体现了人民民主的本质属性，而且通过一个“全”字，更直观地揭示出人民民主的现实意义和科学性基础。正是在此意义上，习近平总书记指出，“社会主义民主不仅需要完整的制度程序，而且需要完整的参与实践”。没有一定数量民众的参与，无论是选举民主还是协商民主，其意义都很难彰显。桑玉成教授对于全过程人民民主的“全过程”总结为五个方面：（1）时间上的持续性；（2）内容上的整体性；（3）党政部门的协同性；（4）公民参与的全过程性；（5）多环节的连续性。[1] 桑教授的总结从多个维度点明全过程人民民主的“全”的丰富内涵，也预见到全过程人民民主可能在基层治理中发挥的巨大作用。胡玉鸿教授对全过程人民民主的“全过程”总结为三个方面：（1）阶段上的持续性；（2）时间上的持续性；（3）空间上的持续性。[2] 胡教授通过民主监督、选举、协商等环节的全过程以及人民行使相应权利的连续性去解释全过程的含义。

在地方环境立法的人民民主实践中，这种“完整的参与实践”主要体现在以下两个方面：一是参与的主体“全”，即在把握一定政治标准与原则的前提下，对人民民主中“人民”的界定尽可能广泛，形成大团结、大联合的局面。地方环境立法的过程中不能因为一些个人、法人或者非法人组织曾经实行破坏生态环境的行为而直接排除其参与。习近平总书记在谈到我国的协商民主时指出，“有事好商量、众人的事情由众人商量，找到全社会意愿和要求的最大公约数，是人民民主的真谛”。“找到全社会意愿和要求的最大公约数”，就是要让更多的人积极参与，以体现参与主体的广泛性。二是参与的内容“全”，即民众的参与应体现在方方面面，以符合现代社会、政治生活的复杂性和系统性的演进趋势。这意味着全过程人民民主所要求的民主参与不是局部的、零散的和碎片化的，而是全面的、系统的和整体性的参与。我国的人民民主不仅体现在政治

〔1〕 参见桑玉成：《拓展全过程民主的发展空间》，载《探索与争鸣》2020 年第 12 期。

〔2〕 参见胡玉鸿：《全过程人民民主的法治向度阐析》，载《法学研究》2022 年第 3 期。

选举中，而且体现在日常工作与生活中，民主的制度化推进要考虑这些不同的作用领域与空间。所以，全过程人民民主蕴含的这两个“全”，更加契合人民民主的本质内涵。只有参与的主体“全”，社会的最大公约数才能形成，执政党的社会基础才更厚实；只有参与的内容“全”，老百姓才能感受到民主的实际、实惠，积极性也会更高。

具体到地方环境立法而言，我们需认识到地方环境政治的一体性，环境立法环节只是地方环境治理全过程的一个环节，环境立法实施以后需要在实践中检验效果以及不足，因地方环境立法的问题导向性及快速变化的特点，在后续的立法评价、执法监督、法律修改废止等环节中仍应视为对于立法的延续。习近平总书记指出：“法律是党的主张和人民意志的高度统一，必须把发展全过程人民民主要求贯彻到立法各环节……从征集立法项目、编制立法规划计划到拟订法律草案，从法律案提请审议、修改完善到宣传解读，都通过座谈会、论证会、评估会、书面、网上等方式听取意见建议。”

全过程人民民主理念下的民主参与立法并不止步于法律条文的出台，在法律法规实施过程中可能会有新的问题显现，人民群众可以及时将环境问题、相关建议反馈到立法机关，然后立法机关参照人民群众的意见进行相应调整。同时，人民群众的反馈有助于纠正立法机关的手段与目的的偏差，使地方环境立法在解决地方环境问题的过程中不断完善。若人民民主的参与停止于法律条文形成后，这种民主参与是僵化而低效的不完全民主，这种一味只强调参与投票、实行表达权的民主无疑是粗放的、不具备任何精准识别功能的。行使对于立法的建议权形式上是保障了公民的基本权利，但若民主的机能不能实现民主的价值，让人民群众切实感受到生活环境改善带来的幸福感与获得感，这种不断拘泥于民主的空壳的参与机制，无异于南辕北辙，让地方环境立法无法前进半步。

二、环境立法的民主性与全过程人民民主的契合

推动地方环境立法中的公众参与有现实的必要性以及法理的正当性。一方面，由立法部门以及执法部门作为立法的绝对主导者会导致立法权行使的恣意与“权力”寻租的局面。立法机关可能通过立法的形式将自身权力进行不必要的扩张，减少自身的义务，对行政相对人的权利作出更多的限制，甚至产生“以罚代管”的环境治理方式。同时，部门之间可能为了管理权力的归属而相继立法进行争夺，环境立法的目的也会产生扭曲。另一方面，良好的环境为社会公众营造更加舒适的生存环境，带来无形的生态惠益可以为大众共享，环境保护与社会公众的生活息息相关。因此，在地方环境立法的过程中，公众参与机制能够对地方立法机关进行约束和规制，促进立法质量的提高。

全过程人民民主制度的引入可以为地方公众参与立法开启一个全新的阶段，“全过程民主”通过利益需求满足、透明公开参与、理性协商共识、制约监督纠错的链式内在有机互动方式，既将人民民主的价值与制度框架和实践形态与运作机制有机结合起来，又将人民民主所追求的民主价值和性质与民主运行的绩效和质量有机地结合在一起。[1] 因此，全过程人民民主与地方环境立法的民主性有诸多天然契合之处，在推动地方环境立法公众参与、提高立法质量、实现环境民主等方面全过程人民民主极具发展潜力。

（一）化解立法机关与公众分歧，促进环境法规共立共商

党的十八届四中全会《关于全面推进依法治国若干重大问题的

---

〔1〕 参见唐亚林：《“全过程民主”：运作形态与实现机制》，载《江淮论坛》2021 年第 1 期。

决定》中有清晰的表述表明，在论述依法治国面临的问题时，首先是民主立法。该决定指出："有的法律法规未能全面客观反映客观规律和人民意愿，针对性、可操作性不强，立法工作中部门化倾向、争权诿责现象较为突出。"[1]由立法部门或者政府部门所主导的环境立法工作使个人利益容易被忽略，得不到重视。在环境治理形势严峻时，环境立法会不可避免地以国家和公共利益为先为重，强调对公权的维护和对私权的管制和约束，或者是强化"管理者"的权力和地位，使环境立法成为政府提供"管理"的合法工具。当个人利益与国家或公共环境利益发生冲突时，个人利益很难得到尊重和保护，甚至无声地成为牺牲品。另外，部门立法会产生重权轻责的倾向。目前，大量的法条中"部门职权和行政相对人义务的规定过多且较为全面、具体，而关于部门职责和行政相对人权利的规定过少且过于片面、含糊、笼统，甚至有时根本未作规定。公权力部门化、部门权力利益化、部门利益法制化便是其典型表现"。[2]

在这种立法部门与执法部门所主导的环境立法中，为了解决大量而复杂的环境问题会不断进行立法理念的调整与手段的创新，这些调整与创新是立法者基于对地方环境治理形势的认知而作出的对于环境治理前景的综合判断，但立法部门的判断因种种原因会出现与客观现实不相匹配的状况，同时也会与人民群众对于地方环境治理的预期产生偏差。这种偏差主要表现为环境立法目的的偏差与环境治理手段的偏差。目的的偏差主要表现在立法机关在制定地方环境立法时所要解决的问题与人民群众的现实需求的差异，在未吸取与认真考虑人民群众对于环境治理的意见时，立法机关可能将有限

---

〔1〕张晓、岳盈盈：《打通立法与民意之间最后一公里——关于破解地方立法公众有序参与困局的实证研究》，载《中国行政管理》2017 年第 2 期。

〔2〕张晓、岳盈盈：《打通立法与民意之间最后一公里——关于破解地方立法公众有序参与困局的实证研究》，载《中国行政管理》2017 年第 2 期。

的立法资源用在非人民群众反映强烈的问题上，无法满足人民群众的真实需求。手段偏差的典型做法为“一刀切”管理和重罚主义。立法部门处于立法程序中的主导地位，几乎都会从自己的角色本位出发去构思环境治理的方案，为了高效达成环境治理的目的以及起到“杀一儆百”的警示效果，易造成权力的无节制滥用与放纵，如为了治理环境不顾民众意见全面禁止某些行为或者设立高额处罚使公众心生畏惧。这种偏差问题如无法及时得到解决，会成为立法机关与公众双方理解互信的壁垒，当这层壁垒不断加高，双方的矛盾在不断积累和难以有效调和的情况下，甚至会转化为激烈的冲突对抗，如我国发生过的“环境群体性事件”，造成极其不良的社会影响。

卢梭曾说，“立法权是国家的心脏”，“立法权是属于人民的，而且只能属于人民的”。我国《宪法》中也明确规定了“中华人民共和国的一切权利属于人民”。我国经济建设取得巨大成功带来物质条件的飞跃，在做大蛋糕的同时，通过民主参与立法的方式实际是将公众带入政府“再分配”的决策过程中，将发展的成果为社会公众所共享，从社会治理的源头促进公平正义的实现。“只有政府决策实现科学化、民主化，才能保证政府发展成果的权威的、公平的、正义的分配。而要保证政府决策的科学化、民主化，就必须畅通人民群众的各种利益诉求并将其纳入决策的渠道。这就要求必须引入人民群众的参与，亦即通过共建来实现共享，习近平总书记就鲜明地指出，共建才能共享，共建的过程也是共享的过程，而所谓共建，就是要充分发扬民主……形成人人参与、人人尽力、人人都有成就感的生动局面。这意味着民生的改善必须有政治保证。如果缺乏人民民主，民生的改善就可能成为一句空话，或大打折扣。"[1]

民主是地方环境立法不可或缺的重要价值，科学立法为环境治理提供法理的框架，而民主立法为环境治理夯实民意的拥护。全过程人民民主立法机制也是最为契合地方环境立法民主性的民主形态，其强调的理念就是实现过程民主与实质民主相统一、间接民主与直接民主相统一以及大国民主与高质量民主相统一。全过程人民民主立法下公众可以在地方环境立法的各个环节深度参与其中，立法反馈机制的存在也使公众可以了解自己意见是否被采纳以及缘由，解答公众心中的法律疑惑，使其知悉立法机关环境治理的考量，化解双方分歧的同时增强互信，达成城市环境立法的"共立共治"，实现地方环境治理的齐心协力。

（二）弥补公众参与的不足，以立法促进守法

地方环境立法中民主性的集中体现即为公众参与地方环境立法的活动，但公众参与地方环境立法因其机制不完善、民众参与意愿低等缘由收效甚微。全过程人民民主与地方环境民主立法的一个契合之处在于将双方的被动民主转变为双向主动民主，将自由式无序民主参与转变为有序的全过程民主参与。

在目前阶段，公众参与立法的制度设计由"义务本位"出发而非出于公众应有的权利，其本身存在局限性。许多公众对于参与地方环境立法依旧保持一种冷漠和消极的态度，不愿积极主动参与立法。一方面，这是由于长时间以来地方环境治理出现问题时公众联想到的是政府履职的不当，作为个体的社会一员并没有能力带来改变。另一方面，公众不愿积极参与其中也可能是其理性思考后作出的选择，因参与地方环境立法中预期的收益可能远远低于付出的成

---

〔1〕张光辉：《新时代社会主要矛盾破解与全过程人民民主发展的内在逻辑》，载《思想理论战线》2022年第3期。

本，[1]当其他人员为环境立法提出建设性意见或者反馈环境问题促使立法质量得到提高时，不参与立法的公众同样能够从环境质量改善中获益，且无须付出任何成本即可“坐享其成”。当自身参与环境立法时，需要付出时间精力克服专业和技术壁垒去阅读了解现行法律规定，需要支付交通费、误工费等成本，如果立法工作者没有采纳其意见，公众参与的积极性受到严重挫折，长此以往只会造成恶性循环。

全过程人民民主立法机制的引入将立法者单一听取立法建议的模式转变为“主动出击”，在立法的全过程都可以与公众进行细致的沟通，立法的民主参与形式更为灵活。传统民主参与中只有当立法机关制定或者修改法律时才能激活民主参与的功能，民主参与机制在提出修改意见后便进入了休眠，而全过程人民民主参与立法的公众不再是走民主过场的背景板，公众参与环境立法也不再是一次性的“快餐消费”。全过程人民民主下公众参与环境立法的目的不再局限于对立法权的制约和监督，人民群众在此民主形态下是真正参与了立法权的行使。从立法机关“要求”公众参与到公众主动参与，双方得以充分沟通交流，公众可以从立法工作者处了解立法背后的考量。全过程人民民主是一种更具深度的“协商民主”形态，为立法者与公众提供了平等沟通交流的平台，立法者不是“高高在上”的管理者，双方都是地方环境治理的参与者、促进者，做到“有参与必有回应”。公众在这种立法模式下前所未有地深入参与到地方环境治理中。在立法者和公众全过程的沟通和交流下，出台的地方环境立法必然能够得到“真诚的拥护”，即便参与的公众意见并未得到采纳，但在立法机关尊重其参与权利与详细说明下，公众

[1] 参见代水平：《立法公众参与困境的解决——以埃莉诺·奥斯特罗姆的集体行动理论为视角》，载《西北大学学报（哲学社会科学版）》2013 年第 1 期。

参与的积极性相较传统参与机制必然更为高涨。

全过程人民民主与公众参与地方环境民主立法的另一契合之处在于克服西方自由民主的无序性，实现公众有序的高质量参与。传统的民主参与制度下公众只是“片段式”参与，公众在参与前获取地方环境立法草案相关信息的途径和内容都十分有限，在不了解环境立法的“前世今生”下，公众对于法律法规很难有充分的认识和理解，易被纷繁复杂、来源良莠不齐的信息干扰或者误导，甚至被一些别有用心之人利用。全过程人民民主是如何实现有序的公众参与呢？首先，全过程人民民主所搭建的民主参与机制是更为完整与精细化的，立法机关通过网络媒体、立法联系点、立法座谈会等多元化、多层次的方式与公众双向交流，放弃刻板的一问一答的形式，主推“有事好商量”的方法，立法的公开性和透明性大大提升。立法者对公众关于立法的困惑亲自进行解答，有助于消除可能潜在的误解，促进公众参与立法水平的提升。其次，全过程人民民主参与机制有助于培育懂法守法的新时代公民，在全过程参与立法的过程中提升公众的法学素养，不断积累全过程人民民主的后续优势，地方公众参与立法的发展也将迎来一个全新的时代。

（三）推动环境民主建设，补强立法短板

“环境民主”这一概念在我国法律规定及官方文件中并未存在明确清晰的定义，有学者将环境民主主义的特征归纳为“参与性、公开性、审慎性”，[1]但这些特征在其他领域的立法中同样存在，环境民主相较于其他领域的民主独有的特征并未有过更为系统的深入研究。有学者将环境民主的内涵表述为“环境民主强调的基本原则是保护公民平等的环境权利，追求环境正义（environmental

[1] 张继兰、虞崇胜：《环境治理：权威主义还是民主主义?》，载《学习与实践》2015年第9期。

justice)，因此政策过程应该更多地体现多中心和参与原则”。[1] 具体内容包括：(1) 政府间纵向和横向权力分享。环境治理的决策权不但在立法、行政和司法机关之间共享，而且在不同政府层级之间共享。(2) 国家与社会权力分享。政策制定不应该只局限于政府和企业，还应该包括真正受到环境影响的民众、社区、非政府组织和相关领域的专家学者。(3) 环境治理中不限制公民个人基本的自由权利。(4) 当公民的环境权利受到损害时，可以通过司法途径得到有效救济。环境民主理论的倡导者认为民主政治体系能为实现上述原则提供制度保障，而这恰恰是威权政治体系所缺失的。虽然民主制度下出现的环境问题饱受诟病，但是和威权制度相比其环境治理的绩效仍不失为一个“更不坏”的选择。[2]

与“环境民主主义”针锋相对的一种观点为“环境权威主义”，其最核心要义为环境保护依靠政府的权威来实现，在必要时可以牺牲掉个人的自由与诉求。环境权威主义的出发点是基于如下因素：“一是基于对环境资源有限的认识；二是基于对人的自私性假设；三是基于对社会组织分散化状态的考量。简言之，即在环境资源有限的前提下，人们在分散化的社会系统中为谋求各自的利益，最终将导致环境公地悲剧和生态灾难的发生。”[3]环境权威主义的根基在于对政府公权力运用的“万能”理论，在掌握可以催动国家机器全力运转去应对环境问题的公权力面前，个体行动的作用无疑是渺小的，加之环境惠益的公益性，也不能过分寄希望于公民

---

[1] 冉冉：《中国地方环境政治：政策与执行之间的距离》，中央编译出版社 2015 年版，第 29 页。

[2] 冉冉：《中国地方环境政治：政策与执行之间的距离》，中央编译出版社 2015 年版，第 30 页。

[3] 张继兰、虞崇胜：《环境治理：权威主义还是民主主义?》，载《学习与实践》2015 年第 9 期。

自发行动来成为生态环境保护的中坚力量。可以说持环境权威主义的大部分学者对于环境民主主义的前景是悲观的，尤其是西方的一些学者基于本国民主代议制度的实践发现依靠西方民主制度来治理环境是效率十分低下的，无休止的党派争论不断拖累着一些可行计划的推进，甚至由于当权者党派的更换而使一些环境治理项目半途而废，重新进入争论的恶性循环中。一些激进的环境权威主义者甚至主张只由中央进行环境疗法来实现生态环境的治理，由地方掌握环境立法权也会造成“放开就乱”的局面。为此，有西方学者也曾寄希望于中国作为环境权威主义理想的试验地，但多年以来的治理经验以及中国环境治理的转型却表明依赖环境权威主义即可以实现环境治理的完备只能是幻想。

一方面，地方立法机关和执法机关在治理地方环境问题时会存在先天的动力不足的问题。对于一些产业科技比较落后的地方来说，生态环境治理的力度加大可能直接影响到当地的经济发展、就业形势等多项社会民生，因此即使制定了更为严厉的环境法律法规，地方也缺乏推行落实的动力。

另一方面，即使政府面对日益复杂的环境问题具有更为专业的优势，但不得不承认的是政府生态环境部门在对已损害的环境进行修复或者替代性修复时，仅仅依靠自身的资源与专业技术储备也会陷入重重困难，也需要通过购买服务的形式聘请更为专业的相关社会主体来负责具体的修复工作，否则一些周期漫长的修复项目对于政府有限执法资源的占用也是沉重的。我国在环境治理领域也逐渐探索出了“公私合作，共同治理”的创新道路，典型的如行政协议在环境治理方面的应用，如对于一些污染较重、生产设备较为落后的工厂企业，通过政府与其签订协议，适当补偿后退出市场或者减税免税来支持产业升级等形式实现减轻污染的目标。因此，我国即使是政府公权力主导环境治理的法律体系结构，但公权力作用在环境治理领域的方式相较于过去无疑是进行了“柔化”，不再是“以罚代管”“罚上加罚”的强烈对抗模式，而是肯定了与社会私主体合作的价值。可以说一味迷信环境权威主义的时代已经落下帷幕，在社会主义市场经济体制下，我们认识到社会各类主体的能动价值，打压社会主体的价值取向、能动作用是违反客观规律的。

“环境威权主义”下公众民主参与环境立法的研究主要集中于“从公民环境权角度构建与完善环境公众参与制度，论证环境事务参与权与环境状况知情权等为公民环境权利”。[1] 但在我国现行法律体系中并未真正构建环境权制度，基于生态环境的整体性和不可分割性，实现对个体公民环境权利的充分保护在当下环境法律框架内不太现实。同时，在我国产业调整、社会转型期间所产生的环境风险在不断刷新着既有的认知，“因而需要采取的规制措施、规制对象充满了不确定性”。[2] 地方环境立法的核心作用在于实现将有限的立法资源与治理资源分配到环境保护中，仅靠立法机关掌握的科学数据和科学标准难以与公众对于环境治理的期盼相契合，因此在立法时引入公众广泛而深入的参与可以更为精准识别最为关注的、迫在眉睫的环境问题。环境民主所构建的是地方立法机关技术优势与公众价值判断紧密结合的深度合作模式，相较于公权力自上而下地推动立法机器的运转，此种模式下参与主体更为主动，环境问题识别机制更加高效，立法资源的运用也更能发挥价值，可以说是一种更为理想的公众参与地方环境治理的状态。

立法的理念从“环境权威主义”到“环境民主主义”的演化

---

〔1〕 刘超：《协商民主视阈下我国环境公众参与制度的疏失与更新》，载《武汉理工大学学报（社会科学版）》2014 年第 1 期。

〔2〕 刘超：《协商民主视阈下我国环境公众参与制度的疏失与更新》，载《武汉理工大学学报（社会科学版）》2014 年第 1 期。

仍有漫长的一段路要走，实现环境民主对于提高立法质量，推进地方生态文明建设意义重大。全过程人民民主立法无疑是推动环境民主的绝佳路径。环境民主与全过程人民民主可以说在核心理念上同根同源，都注重通过深度民主、实质民主的方式促进社会整体合作共治。同时，全过程人民民主立法在多地的实践中积累了大量宝贵的经验，如宁波市所采取的“夜询会”“代表通”等多元化的民主参与形式，充分调动了公众参与立法的热情，实现了双方深入有效的沟通。在推动环境民主在地方环境立法生根发芽中同样可以借鉴和利用全过程人民民主实践的先进做法，构建共享共治的地方环境立法新常态。

三、地方环境立法中的实践困境

自中华人民共和国成立以来，地方人大常委会及地方人民政府在地方立法中占据着主导的地位，此种立法部门主导的立法模式帮助我国在短时间内形成一套较为完备的地方治理法规体系，但也造成地方环境立法中公众参与的长时间缺位。此外，环境领域立法可以说是近年来变化调整最为剧烈的部门法，不断涌现的环境问题使地方环境立法需要及时应对，环境立法的一些治理方式与手段只能在实践中检验可行与否，更遑论环境法涉及的专业性与科技性，因此公众参与地方环境立法面临着诸多现实困难，公众参与环境立法的时间与深度往往达不到更高的标准。地方环境立法中全过程民主参与建设尚处于起步阶段，还存在参与机制、审议环节、立法联系点建设等诸多方面的不完备之处。

（一）立法调研与起草缺乏规范性指引

目前，地方环境立法中大多数地方性法规都由政府有关行政主管部门起草。一方面，必须承认的是政府行政主管部门作为执法部门对地方环境问题的实际情况、现实问题、管理业务有切身的感受和深入的认识。部门立法更多体现的是科学立法的面向，现阶段立法不可能也无必要摆脱部门立法。另一方面，地方人民政府在履行环境治理职责上可能缺乏足够的动力，环境治理的力度加大会对一些地方的产业发展造成影响。必须看到的是部门立法存在天然的权力扩张、责任规避、部门利益本位的冲动。如果在立法过程中放任部门立法的天然冲动，可能导致部门在形成立法草案时从部门自身利益、管理的便利性出发而忽视环境治理的必要性、合理性、正当性，甚至将部门利益置于公众利益之上，而违背了环境立法的初衷。因此，从回应式民主的视角出发，关键在于如何通过民主制度的设计克制部门立法非理性冲动，使立法回归地方环境保护的需求。尽管一些地方立法机关制定的规范性文件对全过程的民主参与立法提供了程序保障，相关专工委和法工委全过程跟进部门立法活动，甚至直接参与到立法调研中，但这些仍不能有效避免部门立法的倾向性冲动。原因在于立法调研、立法文本起草的方式方法缺乏规范性，缺少对部门立法行为路径的有效评估。法案起草过程分为问题与需求识别、行为路径分析、法律结构设计、法律语言学分析。前两个阶段是精准识别地方环境问题的关键阶段，也是立法作为利益分析与平衡工具的本质体现。但由于缺少规范性规程与指南指引，部门立法在此环节基于信息优势可能加入倾向性的利益考量，而专工委与法工委可能会因为信息的不对称无法深入了解并提供意见建议，而更多着墨于法律结构、法律语义等后端环节。这可能致使专工委和法工委在审查草案或者参与调研讨论时，其讨论范围已经被部门所框定的主题限制，无法有效地识别现实环境问题与治理方向。先入为主的前置效应可能导致调研成了为草案寻找“合理性”的依据，也可能使调研的整体方向从服务相对人转向了管理公众。

同时，在地方环境立法过程中，不同组织、群体发声情况不同，发声意愿不同，弱势群体和弱势阶层的声音需要特别关照，否则就会造成立法偏信偏依。但依笔者所亲历的调研实际情况来看，倾听的重点在于行业协会代表、利益群体代表、基层组织代表、企业代表、居民代表等，罕有对立法成本或义务负担群体、弱势群体、利益受影响群体的针对性调研。但环境治理任务与手段的调整对于这些群体的影响却是最大的，也导致这些群体恰恰是立法颁布实施后责任最多、抵触情绪最大的群体。

（二）反馈机制尚未建立使参与形式单一化

虽然一些地方人大出台了大量的程序性规范确保公众参与立法，但罕有完整的反馈机制的设计。公众参与环境立法提出意见后，怎么反馈、反馈什么等缺少硬性规定，存在重表达轻答复、多征集少反馈等问题，立法机关也难以获悉公众对于环境立法成效的评价。在立法实践中，虽然征求了大量的公众意见，但哪些意见被吸收采纳，有多少意见是共性的，哪些具有典型性、共性的意见没有被采纳，理由是什么，并没有向公众公开或说明，降低了公众参与地方环境立法的积极性。同时，环境立法涉及的专业性与科技性知识更为复杂，高质量的参与需要公众对立法的背景、说明有深入的了解。大部分地方人大和政府会通过网站、报纸等媒体公布法律、法规的内容，但对法规起草背景、条文说明解释等信息公开不够。这极大降低了公众参与立法的实效。在参与式民主立法途径上，座谈会、问卷调查、传统媒体发布等“常规动作”运用较多，但用好新媒体新技术、发挥行业协会商会类社会组织作用等还不够，常态化工作机制尚未形成。

这些问题使当前公众参与地方环境立法成为立法中的一个单向

的信息收集、意见征集渠道，这距离全过程民主立法仍具有一定的距离。一次成功的参与，就是一次最好的普法教育，能够使普通百姓从环境治理的旁观者变成环境立法的实际参与者，培育他们对法律的认同感，增强他们的守法、护法意识和环境保护意识，进而为环境立法的实施奠定坚实的基础。因此，民主参与地方环境立法的过程不仅是由外向内的输入过程，更是由内而外的输出过程，通过意见反馈机制、多层次的信息公开使公众了解部门、人大立法背后的环境治理考量，真正通过参与式民主立法使科学立法与民主立法融合在一起。法律的生命力在于实施，法律的权威也在于实施。所以，立法、执法、司法和守法是一个有机整体，立法是起点，守法是归宿。在立法过程中架起民意“彩虹桥”，既宣传了立法的民主性、科学性，又使环境立法的规定深入人心。

（三）审议环节不完善阻碍协商式民主高质量发展

立法过程是一个既充分容忍多元分歧，又充分整合多方意志的意见表达与共识生成过程，而意见表达与共识生成的过程，往往是通过制度化的参与协商机制和体系化的公共政策来加以实现的。制度化的立法协商机制由人大代表通过谈判、协商、妥协、交换等方式，将不同地区、不同阶层、不同群体的利益整合成不同类别的公共服务制度，形成体系化的公共政策“大盘子”，然后再通过立法加以执行，将其转化为满足人民需求的各类公共产品和公共服务。

但在审议环节仍存在的若干问题阻碍了协商式民主充分发挥作用。首先，在会议议程安排上，往往安排较多的法规草案，短时间内审议内容过多导致常委委员和代表难以深入了解草案，难以了解环境治理的重难点以及长远考量，那么所提意见和表决质量就难以得到保证。其次，基于提高立法效率的考虑，法规草案采用的是整体表决的方式，即地方人大代表或常委会组成人员对整个法规草案表示赞成、反对或弃权。也就是说，如果表决者对法案总体上较满意，但对个别条款持不同意见，无论其投赞成票、反对票或弃权票，都不能完全反映其真实意愿。最后，部分代表对表决草案的了解、准备不足折射出在审议过程中说明材料不够充分，文字内容没有兼顾到代表对相关领域熟悉程度的不同，没有进行针对性的文字转化。且说明材料对现实问题和合法性问题较为重视，而轻视或者忽视关键制度设计的正当性与合理性。在对草案核心、焦点问题未有把握的情况下，代表难以真正深入表达自己的立场和观点。

（四）基层立法联系点作用没有充分发挥

基层立法联系点是贯彻落实全过程民主立法的关键抓手，其贯穿于回应式民主、参与式民主与协商式民主各个环节，是立法保持开放性、扎根人民群众根本利益的重要切口。但从实践情况来看，基层立法联系点尚未充分发挥作用，问题主要体现在以下几个方面：第一，联系途径比较单一。实践中，部分地方人大对于立法联系点的工作重点仅着力于立法调研会议召集。立法调研由区人大推荐立法联系点，再由立法联系点召集当地人民群众参与调研。对于立法计划、立法建议等征求意见工作着力不多，人民群众难以真正理解地方环境立法背后调整的现实考量。第二，联系质量参差不齐。现行基层立法联系点工作的开展缺乏固定的机制规范和财政保障，基层立法联系点工作的开展缺少经费支持，立法联系点仅在名义上存在。这样的现实会导致基层立法联系点工作的开展完全取决于联系人的个人意志。部分联系人在立法调研会议中未充分收集群众意见，以自己个人的看法代替群众意见。第三，联系点代表性不足，设置标准有待完善。一些城市的立法联系点主要设置在律师事务所、人民法院、人民检察院、法学院等专业相关单位，且遴选是按照区县市地域进行划分，标准并不统一。立法联系点的设立需结合当地环境的特殊性、代表性进行划分，例如，自然景点、自然保护区、国家公园等具有特殊生态功能的区域内的街道作为保护区立法的联系点，生活垃圾处理点作为无害化改革立法的联系点，化工厂作为三废处理立法的联系点等。这种标准具有一定的代表性，能较为充分反映地区治理需求与立法的特质性。

四、地方环境立法模式完善

目前，地方环境立法正经历着一场从“有法可依”到“良法善治”的变革，地方环境立法需要从理念到技术框架作出顺应时代的调整，从粗放式民主向着精细化、高效化、实质化的全过程人民民主转变。特别是可以借助现代发达的新兴技术，依托立法机关庞大的立法资源，将民主立法送到千家万户，使以往被忽视的最弱势群众的声音能够在立法过程中得到尊重和考量。针对地方环境立法中全过程人民民主的不足之处，地方立法机关应制定与全过程人民民主相适应的立法规范，使“看得见”的民主更为精细与完善；整合地方环境立法资源，打破民众的信息孤岛状态，让全过程人民民主立法的实践更为生动活泼；完善审议机制，调动公众参与环境立法的积极性，实现地方环境保护的“官民一心”；推进地方立法联系点建设，提高立法工作队伍的本领，打通立法参与的“最后一公里”；推广“全生命周期”式的立法模式，建立动态维护机制，做到地方环境立法的“善始善终”。

（一）以规范促实践，以科学立法促回应式民主立法精细化

全过程民主立法要求能够全面倾听群众呼声，建立全过程反映群众愿望的渠道、平台与载体，让群众对于环境治理的期望得到畅通的表达。这并非一个消极被动的过程，即建立好程序机制让公众自觉参与环境保护的过程。因为参与并非没有成本，且程序一旦确

定，参与群体就受到能力、机会、资质等条件的限制而导致发声大小不一，弱势群体往往被忽视。这意味着我们需要的全过程民主立法应当是主动出击式的，让人大、政府行政主管部门在立法的全过程主动倾听，并倾向性地照顾弱势群体、发音小的群体。尤其是要关注社会转型时期各种弱势困难群体的需求听取与帮扶机制，将民众反映强烈的环境问题与地方环境立法长远发展目标有机地对接起来，并将地方公共决策转化为高质量的公共产品与多样化的公共服务。最为关键的是要建立弱势困难群体的生产与生活需求调查与评价制度，将底层群众对于环境治理的意见与需求纳入公共政策制定的范畴。

这种主动过程如果没有规范性的制度指引，缺少科学的技术指导就会堕入一种盲动或者恣意。我们亟须建立一套规范性的立法调研技术手册或者指南，对立法调研过程、立法文本形成过程进行规范性引导。且这种引导是可量化的，能够帮助或者规范立法草案主体在调研和文本形成时倾向性地关注各种群体的声音，并且将这种声音作为立法目的、核心制度以及立法必要性、正当性、合理性的实质性依据。同时，由于行政主管部门、司法部门、人大专工委与法工委共同遵守这套操作机制，使所有的信息得以量化，不再会因为信息不对称导致部门立法的专断。

具体来说，这种立法调研与立法技术规范或指南应当严格围绕着立法必要性、合理性、正当性、合法性来展开。应注重从环境立法的实质内容出发，明确立法所需解决的现实问题——立法的必要性回答；确定解决现实环境问题的核心制度，对各类制度的正当性依据进行成本—效益分析和比例原则下的合理性分析；依据义务负担与利益分享对不同群体进行有针对性的调研。形成“自然逻辑（现实逻辑）—行为逻辑—法律结构逻辑—法律语言逻辑”的规范性操作流程，以科学、可量化的方式推进民主立法的精细化，以技术保障回应式民主的高质量。

（二）整合资源完善多渠道反馈机制，提升参与式民主立法质量

全国各城市在逐渐完善信息公开、公众参与等制度设计时，在数字化政府建设中应注意如何充分调动既有资源进一步提高参与式民主制度的质量，建构双向的参与式民主机制。有三大资源有待整合：

第一，充分发挥已有的信息公开、开门立法机制，切实将反馈机制落到实处。特别是在已经建立庞大的开门立法机制的城市，需要进一步将反馈机制制度化，包括对重点环境治理信息公开渠道多元化、意见采纳的数据化与典型性、代表性意见反馈的可视化。

第二，在创造性应用新媒体资源的同时，充分发挥传统媒体的调查、报道和舆论营造功能。一方面，主动适应新媒体技术传播广、互动性强的新形势新要求，加强“两微一端”以及手机 App 等新媒体新平台建设，完善网上征集意见等长效化常态化机制，推动传统手段与新媒体技术融合发展，引导社会公众有序参与、有效表达。另一方面，不应忽视传统媒体调查、舆论氛围营造等作用。现阶段，传统媒体也面临着转型，大量的一线记者亟待寻找社会焦点，揭露社会环境问题。立法恰恰是针对公共议题和社会问题的，对此传统媒体的新闻记者一线调查可以发挥重要的作用。记者可以发挥立法调研的作用，从新闻媒体人的视角采访不同群体，弥补人大、行政机关调研的不足。如腾格里沙漠排污事件，最早就由某报新闻记者实地采访披露，进而引起广泛社会关注，展现了社会舆论对于环境治理的监督作用。同时，传统媒体对立法焦点事件的新闻报道过程也正是一个立法、知法、守法宣传的过程，更容易拉近环

境保护与老百姓的距离，让公众在立法之初就能了解环境立法的相关背景与焦点。因此，可以建立起人大与市传统媒体的合作关系，有计划指派任务、划拨经费交由电视台、报纸媒体记者进行调查报道。

第三，整合基层立法联系点资源，进一步改进赋能增效机制。作为立法机关与基层群众联系的重要桥梁，立法联系点的设置需要更为科学合理，便于不同行业、不同层次的公众反映身边的环境问题。目前，各联系点之间在管理水平、制度建设和人员配备方面存在一定差异。整合联系点资源，特别要在人员培训、考核评估、经费保障、信息化建设、宣传激励等方面着力下功夫，更好地为联系点提质赋能增效。建议人大应当划出专项经费用于基层立法联系点的工作保障和激励奖励，还应当建立专门化的立法联系点考核和退出—增补机制，压实立法联系点工作。另外，还需进一步加强联系点工作队伍建设。联系点是淬炼机关干部基本功的最佳“训练营”，要探索建立“压担子”、正向激励等机制，让机关年轻干部在联系点这个工作平台上切实得到有效历练，从而了解社情民意，提高群众意识并树立群众观点，真正达到培养干部、提高素质的目的。

（三）进一步完善审议制度助力高质量协商民主

首先，要充分发挥人大代表的主体作用。要坚持把组织引领人大代表参与立法活动作为推进科学立法、民主立法、依法立法重要途径。在法规立项环节，完善法规立项机制，注重从代表提出的议案建议中征集立法项目，尽可能地把一些价值较大、条件较为成熟的环境治理建议纳入年度立法计划，扩大地方环境治理法规立项来源。在法规起草调研等环节，研究探索人大代表分专业、有重点地参与立法工作机制，在研讨某项环境治理新手段、新方式的可行性时，可以根据代表的职业背景、专业特长等，有针对性地邀请相关行业人大代表参与法规起草、调研、论证及修改，尽可能做到法规所涉领域的市级人大代表全覆盖。

其次，要完善立法审议表决机制。应在法规草案审议表决过程中，增加民主辩论环节，建立完善重要关键性条款单独表决机制。对于有重大争议、重大分歧的条款或观点，特别是一些新增的环境管理制度，审议过程中应预留足够的时间开展民主辩论，确保法规草案体现绝大多数的意志。在法规草案表决时，对这些具有重大争议、重大分歧的条款或涉及利益关系重大调整、对公共利益有重大影响的条款，应建立形成单独表决机制，更加真实地反映常委会组成人员的态度，切实提高地方立法质量。

（四）全生命周期立法模式的完善

基于地方环境立法的特点与全过程人民民主理念的契合性，地方环境立法中可以建设一种“全生命周期”的立法及维护模式来推动地方环境治理的优化完善。“全生命周期”的立法模式强调将每一部法律法规当作一个独立的“生命体”进行维护照料，从立项开始到起草、审议、公布、修改、废止等各个环节都需强化人民群众参与环境立法以及立法机关与人民群众有效沟通的机制。法律法规“生命体”从诞生以后，立法机关就要对其负责到底，强化其中立法机关及其负责人的责任制度，形成长效完备的动态维护机制。在立法前的立项工作中，要对每件立法建议项目的必要性、合法性、可行性、紧迫性和需要解决的重点问题进行评估、调研、论证，充分利用基层立法联系点收集民意的作用，打通民众参与环境立法的“最后一公里”，通过对最弱势群体的识别机制，由立法机关主动进行沟通并了解其意见与需求。在立法审议过程中，邀请联系点代表参加立法座谈会、论证会、听证会或者在联系点召开立法座谈会，直接听取基层群众意见。“立法决策后”，即法律出台后，以联系点为依托，跟踪了解法律实施情况，及时掌握法律在实施过程中出现的问题，收集对法律修改完善的建议。由此形成一整套环环相扣、井然有序的“全链条式”立法民意征求流程。

参考文献

一、著作类

［1］《列宁全集》（第 33 卷），人民出版社 1992 年版。

［2］周旺生：《立法论》，北京大学出版社 1994 年版。

［3］汪全胜：《立法效益研究——以当代中国立法为视角》，中国法制出版社 2003 年版。

［4］吴浩、李向东：《国外规制影响分析制度》，中国法制出版社 2010 年版。

［5］刘少军等：《立法成本效益分析制度研究》，中国政法大学出版社 2011 年版。

［6］黄震运、张燕：《立法语言学研究》，长春出版社 2013 年版。

［7］冉冉：《中国地方环境政治：政策与执行之间的距离》，中央编译出版社 2015 年版。

［8］汪全胜：《立法成本效益评估研究》，知识产权出版社 2016 年版。

［9］崔立文编著：《地方立法理论与实务》，辽宁人民出版社2016年版。

［10］刘平：《立法原理、程序与技术》，上海人民出版社2017年版。

［11］周迪：《论中央与地方环境立法事项分配》，中国社会科学出版社2019年版。

［12］李光恩：《地方立法的说明理由制度研究》，西南财经大学出版社2020年版。

［13］安祺：《环境问题分析与相关政策评估：经济学分析方法及应用》，中国经济出版社2020年版。

［14］［英］弗里德利希·冯·哈耶克：《自由秩序原理》，邓正来译，生活·读书·新知三联书店1997年版。

［15］［德］卡尔·拉伦茨：《法学方法论》，徐显明主编，商务印书馆2003年版。

［16］［德］齐佩利乌斯：《法学方法论》，金振豹译，法律出版社2009年版。

二、论文类

［1］盛纬：《论我国地方立法在国家立法中的地位和作用》，载《政法论坛》1987年第3期。

［2］张淑芳：《行政主体义务设定的法律规则研究》，载《法商研究（中南政法学院学报）》2001年第6期。

［3］李广兵：《可持续发展与地方环境立法》，载吕忠梅、徐祥民主编：《环境资源法论丛》（2003年第3卷），法律出版社2003年版。

［4］张淑芳：《行政法规范术语与行政权范围问题探析》，载

《时代法学》2005 年第 5 期。

［5］张淑芳：《不可操作的行政法规范研究》，载《河南省政法管理干部学院学报》2005 年第 6 期。

［6］董晓波：《我国立法语言模糊性的法哲学分析》，载《语言文字运用》2006 年第 4 期。

［7］程雨燕：《环境罚款数额设定的立法研究》，载《法商研究》2008 年第 1 期。

［8］程雨燕：《评环境行政处罚决定的“缓期执行”——比例原则的视角》，载《河海大学学报（哲学社会科学版）》2008 年第 3 期。

［9］席涛：《我们所知道的法律和不知道的法律——法律经济学一个分析框架》，载《政法论坛》2010 年第 1 期。

［10］胡平仁：《法律政策学的学科定位与理论基础》，载《湖湘论坛》2010 年第 2 期。

［11］刘锦森：《地方立法项目信息获取途径探析》，载《新疆人大（汉文）》2010 年第 3 期。

［12］杨炼：《论现代立法中的利益衡量》，载《时代法学》2010 年第 4 期。

［13］杨圣坤：《政府立法的成本与效益分析》，载《法治论丛》2010 年第 4 期。

［14］徐敏、王东、赵越：《我国水污染防治发展历程回顾》，载《环境保护》2012 年第 1 期。

［15］李苏琴、曹钟安：《民意对立法、行政与司法的价值透视》，载《领导科学》2012 年第 35 期。

［16］代水平：《立法公众参与困境的解决——以埃莉诺·奥斯特罗姆的集体行动理论为视角》，载《西北大学学报（哲学社会

科学版)》2013 年第 1 期。

［17］梁美健、赵丽缦：《成本有效性分析方法研究述评》，载《北京工商大学学报（社会科学版)》2013 年第 1 期。

［18］饶世权：《论公众参与视阈中的地方立法听证制度》，载《湖北社会科学》2013 年第 10 期。

［19］刘超：《协商民主视阈下我国环境公众参与制度的疏失与更新》，载《武汉理工大学学报（社会科学版)》2014 年第 1 期。

［20］王继军、王士亨：《地方立法科学化问题研究——以山西省为例》，载《山西大学学报（哲学社会科学版)》2014 年第 3 期。

［21］张玉洁：《法律不确定性命题的司法检视》，载《法律科学（西北政法大学学报)》2015 年第 3 期。

［22］张继兰、虞崇胜：《环境治理：权威主义还是民主主义?》，载《学习与实践》2015 年第 9 期。

［23］高敏：《美国环境法规的成本效益评估》，载《环境资源法论丛》2015 年第 10 期。

［24］封丽霞：《认真对待地方法治——以地方立法在国家法治建设中的功能定位为视角》，载《地方立法研究》2016 年第 1 期。

［25］周伟：《论地方立法项目征集制度的完善》，载《江汉大学学报（社会科学版)》2016 年第 1 期。

［26］郭武、刘聪聪：《在环境政策与环境法律之间——反思中国环境保护的制度工具》，载《兰州大学学报（社会科学版)》2016 年第 2 期。

［27］张晓、岳盈盈：《打通立法与民意之间最后一公里——关于破解地方立法公众有序参与困局的实证研究》，载《中国行政

管理》2017 年第 2 期。

[28] 王启梁：《法学研究的“田野”——兼对法律理论有效性与实践性的反思》，载《法制与社会发展》2017 年第 2 期。

[29] 安祺：《中国环境决策费用效益分析的工具选择及应用》，载《环境与可持续发展》2017 年第 2 期。

[30] 李红祥、徐鹤等：《环境政策实施的成本效益分析框架研究》，载《环境保护》2017 年第 4 期。

[31] 钭晓东、杜寅：《中国特色生态法治体系建设论纲》，载《法制与社会发展》2017 年第 6 期。

[32] 周伟：《论设区的市立法权收与放的统一》，载《法学》2017 年第 7 期。

[33] 陈海嵩：《环保督察制度法治化：定位、困境及其出路》，载《法学评论》2017 年第 3 期。

[34] 李小强、史玉成：《地方环境立法的困境与出路——以甘肃省地方环境立法为例》，载《兰州文理学院学报（社会科学版）》2018 年第 1 期。

[35] 王建学：《中央的统一领导：现状与问题》，载《中国法律评论》2018 年第 1 期。

[36] 毛雨：《设区的市地方立法工作分析与完善》，载《中国法律评论》2018 年第 5 期。

[37] 林立峰、施志源：《生态文明视域下的立法语言规范化研究——以立法目的条款的规范表述为切入》，载《重庆大学学报（社会科学版）》2018 年第 5 期。

[38] 李玄：《设区的市地方立法事项范围研究》，载《人大研究》2018 年第 8 期。

[39] 杨晓红：《地方立法语言运用失范现象举隅》，载《法制

与社会》2018年第25期。

[40] 周晟吕、李月寒等：《基于问卷调查的上海市大气环境质量改善的支付意愿研究》，载《长江流域资源与环境》2018年第11期。

[41] 梅献中：《论地方立法的轻、重、缓、急——一个环境立法的视角》，载《人大研究》2018年第11期。

[42] 姜渊：《浙江沿海滩涂生态保护的地方立法应对》，载《绿色发展》2018年第12期。

[43] 苏海雨：《地方立法的冲突规范与秩序构建》，载《甘肃政法学院学报》2019年第1期。

[44] 余凌云：《地方立法能力的适度释放——兼论"行政三法"的相关修改》，载《清华法学》2019年第2期。

[45] 周赟：《作为提供一种行动理由的立法——立法本质的社会学解释》，载《求索》2019年第2期。

[46] 杜寅：《环境立法确定性命题的提出与展开——以固废法体系为例》，载《中国地质大学学报（社会科学版）》2019年第3期。

[47] 陈光：《论区域法治竞争视角下的地方立法协调》，载《东方法学》2019年第5期。

[48] 徐娟：《地方立法的治理功能及其有效发挥》，载《学术交流》2019年第5期。

[49] 郭玲灵：《设区市大气污染防治立法现状与完善》，载《西部学刊》2019年第21期。

[50] 郭龙生：《浅议立法语言规范》，载《语言与法律研究》2020年第1期。

[51] 翟勇：《我国生态环境法治能力建设进程》，载《环境与

可持续发展》2020 年第 1 期。

［52］熊樟林：《行政处罚的种类多元化及其防控——兼论我国〈行政处罚法〉第 8 条的修改方案》，载《政治与法律》2020 年第 3 期。

［53］严厚福：《量化“改正违法行为”所需付出的成本，提升环境行政处罚威慑力》，载《世界环境》2020 年第 5 期。

［54］魏治勋、刘一泽：《地方立法的“地方性”》，载《南通大学学报（社会科学版）》2020 年第 6 期。

［55］桑玉成：《拓展全过程民主的发展空间》，载《探索与争鸣》2020 年第 12 期。

［56］唐亚林：《“全过程民主”：运作形态与实现机制》，载《江淮论坛》2021 年第 1 期。

［57］钭晓东：《论新时代中国环境法学研究的转型》，载《中国法学》2020 年第 1 期。

［58］树林、李依轩：《基于语料库的当前我国立法语言中情态词“可以”考察——兼论我国立法授权性法律规范的技术规范》，载《哈尔滨师范大学社会科学学报》2021 年第 1 期。

［59］陈鹏：《行政决策成本效益分析的多重机制》，载《中外法学》2021 年第 4 期。

［60］汪劲：《论中国环境法典框架体系的构建和创新——以中国民法典框架体系为鉴》，载《当代法学》2021 年第 6 期。

［61］封丽霞：《地方立法的形式主义困境与出路》，载《地方立法研究》2021 年第 6 期。

［62］刘佳奇：《论环境公共利益的识别》，载《中南大学学报（社会科学版）》2021 年第 6 期。

［63］吕东锋、罗江山：《论我国地方立法中设定行政处罚存

在的问题及对策》，载《东华理工大学学报（社会科学版）》2021年第6期。

［64］刘长兴：《中国环境立法年度观察报告（2021）》，载《南京工业大学学报（社会科学版）》2022年第2期。

［65］胡玉鸿：《全过程人民民主的法治向度阐析》，载《法学研究》2022年第3期。

［66］泮伟江：《功能分化理论视野下法律的自主性》，载《荆楚法学》2022年第3期。

［67］杜群、丁宁：《环境法法典化中自然资源法的定位与展开》，载《北京航空航天大学学报（社会科学版）》2022年第3期。

［68］张光辉：《新时代社会主要矛盾破解与全过程人民民主发展的内在逻辑》，载《思想理论战线》2022年第3期。

［69］唐赟：《地方政府规章的行政处罚设定权——从〈行政处罚法〉第14条第2款与〈立法法〉第82条第6款入手》，载《行政法学研究》2022年第3期。

［70］刘光华、刘旭、李晓磊：《地方性法规制定中新〈行政处罚法〉第十二条的适用》，载《人大研究》2022年第4期。

［71］邵侃：《文化生态的因应协同：西南民族地区农村综合防灾减灾能力建设的行动取向》，载《原生态民族文化学刊》2022年第4期。

［72］王亚利、岳雪峰：《地方立法治理功能的困境与出路》，载《山西高等学校社会科学学报》2022年第5期。

［73］岳彩申：《论经济法的形式理性》，西南政法大学2003年博士学位论文。

［74］高敏：《论环境立法的成本效益评估》，武汉大学2011年博士学位论文。

［75］张芃：《法律义务条款及其规范设置研究》，山东大学2015年博士学位论文。

［76］张辰：《自然保护区立法中的利益衡量研究》，吉林大学2019年博士学位论文。

［77］刘琦：《环境法立法后评估的法理研究》，中南财经政法大学2017年博士学位论文。

［78］吕晓倩：《我国地方立法中“不抵触”原则的适用研究》，山东师范大学2020年硕士学位论文。

［79］曾一凡：《精准立法背景下地方立法语言的规范化研究》，华东政法大学2021年硕士论文。

三、网站类

［1］《树立“绿水青山就是金山银山”的强烈意识》，载人民网，http：//theory. people. com. cn/n1/2018/0103/c416126－29743659. html。

［2］《自然资源》，载中华人民共和国人民政府网，http：//www. gov. cn/guoqing/2005－09/13/content_ 2582636. htm。

［3］《我国资源开发利用中存在的主要问题及原因》，载中国政府网，http：//www. gov. cn/govweb/ztzl/2005－12/29/content_141081. htm。

［4］《中华人民共和国国民经济和社会发展第十一个五年规划纲要》，载中央人民政府网，http：//www. gov. cn/gongbao/content/2006/content_ 268766. htm。

［5］智研数据中心：《2022年5月中国各城市空气质量排行榜》，载搜狐网，https：//www. sohu. com/a/562720620_ 120950077。

［6］《苏州积极应对地名文化保护工作的机遇和挑战》，载江苏省民政厅网，http：//mzt. jiangsu. gov. cn/art/2022/5/24/art _ 55087 _ 10459007. html。

［7］《锻造“无废城市”宁波还有多长路要走》，载宁波市政府网，http：//www. ningbo. gov. cn/art/2021/8/16/art_ 1229099769_ 59037358. html。

［8］《关于〈中华人民共和国行政处罚法（修订草案）〉的说明》，载中国人大网，http：//www. npc. gov. cn/npc/c30834/202101/5936c4478a8b4d79a0edcdc589151a9b. shtml。

［9］《杭州市生态环境局 2021 年度行政执法统计年报》，载杭州市政府网，http：//www. hangzhou. gov. cn/art/2022/1/28/art_ 1228974408_ 59048868. html。

［10］《宁波市生态环境局慈溪分局 2021 年度行政执法总体情况年报》，载宁波市政府网，http：//www. cixi. gov. cn/art/2022/2/11/art_ 1229618809_ 59141717. html。

［11］《海南省人民政府办公厅关于开展立法成本效益分析工作的实施意见》（琼府办〔2007〕130 号）。

四、英文类

［1］*Act for Promoting Closed Substance Cycle Waste Management and Ensuring Environmentally Compatible Waste Disposal*, www. umweltbundesamt. de.

附录　笔者论点摘编*

系统论视阈下环境法律认识论革新

（摘自《中国高校社会科学》2022 年第 5 期）

法律是根植过往、作用当下、面向未来的实践技艺。法学唯有固守一定的学科立场，并遵循共同体的方法模式和规范，方能克服法律时空上的迁跃障碍，使研究思路清晰明朗。但在环境法领域，法学研究似乎进入了迷雾。无论从公法视角还是私法视角，环境法都有着不同于传统法律的特性，这些特性在很大程度上成为在传统法学基石之上认识环境法律的障碍。因此，厘清并理解环境法律的特质就成为建构环境法学认识论的前提。从不同角度、不同层次的视域出发，会得出不尽相同的环境法律的特质。法学“保守”的特性决定了环境法律特质不可能是对传统的自我切割，在革命的激情褪去后

* 本部分为作者已发表论文的摘编，略有删改。

仍需要回归至经典法学框架之下来定位环境法律的特质。

一、环境法律认识论的三重困境

近代社会科学一直纯粹面向社会内部问题，当环境问题迎面而来时，社会科学毫无准备而显得“茫然无措”。但从人与人的关系到人与自然的关系的视域突破，使环境法学变得异常具有“批判”性，即所谓“革命的环境法”与“环境法的革命”。这种“革命”与“批判”折射在环境法领域中，就具体表现为对法的基本属性——正当性、自治性、体系性的认识困境。

首先，正当性认识困境。人们遵守法律的根源是遵守自己的意愿或承诺。符合共识的法律当然会获得人们的普遍遵守。但在环境法领域，主体需求的差异性与环境问题的不确定性，导致达成环保共识无比困难，造成环境法律的正当性匮乏。一方面，在环境法领域内，公民需求的差异性阻碍了共识的达成。不同主体对环境的诉求随条件的改变而呈现巨大的差异性。另一方面，科学上的不确定性致使法律上的利益衡量异常复杂且困难，形成“决策于未知的困局”，加剧了达成共识的难度。在环境立法和环境行政决策中，由于因果关系的不确定性，决策主体难以就环境问题的危害、对策、利益交换等关键议题进行精细化的分析，只能被迫在环境危机紧逼下达成一种抽象的、框架性的共识。一旦具体到真实的利益分配与让渡时，决策者之间往往由于科学上因果关系的不明而争执不下。

其次，自治性认识困境。切身性与公共性决定了环境社会问题更易被公众觉察并引发群体性的社会关注，而多元性使环境问题的焦点超越了单纯的生态环境质量的改善，还可能包含产业结构升级、行政权力改革、技术战略调整等国家重大关切。环视世界环境法律的发展史，环境法律的发展显然不同于传统部门法的社会演进路径，其所展现的是在生态危机应对中、政治强力牵引下的立法进程。因此，在这期间，可能夹杂着急迫、妥协、武断等一系列非理性因素。纵观中国环境法治四十年，环境立法呈现井喷式的发展。这其中固然有法治进步、公民环境意识觉醒与法学共同体推动的因素，但是其产生与发展也未超脱世界环境法治发展的一般规律。在政治视角下，环境法律是作为一种国家治理工具出现的。环境法治目标需要转化为环境治理目标，要求环境法律能够及时回应社会压力，强调环境法律从形式正义向社会效果的实质正义转变。在法治视角下，环境法律作为法律的一种，其必须具有相对的自治性，方能将“权力关进制度的牢笼”，方能成为“不充分、不平衡矛盾解决的依据和准则”。

最后，体系性认识困境。作为环境问题的应激性产物，环境法律自诞生起就伴随着强烈的法治工具主义的倾向；而与此同时，囿于发展历史较短，环境法律自身的体系化程度不如传统部门法高。在环境法律内部，则会表现为结构上的抽象化、碎片化与运作上的尾端开放。同时，环境法律的井喷使环境法律体系内部不可避免地存在诸多矛盾与冲突，难以形成逻辑自洽的统一体。囿于非明确、非具体的环境法律无法满足一般性司法裁判对确定性的要求，实质层面的利益表达与社会控制往往会诉诸行政执法与司法，从而赋予执法者、司法者相当的裁量权。在执法层面，环境行政机关需要依据自身的专业性，制定细致的行政立法，以填补环境法律的抽象性与模糊性，并通过行政实践逐渐建构共识、消除不确定性。在司法层面，因缺少意义明确、范围确定的普遍规则，法官需要将社会效果、政策需求等法律外部因素纳入目的、原则、模糊规则之中，以求法律规范与社会效果的统一。

二、法律系统论：对现代法律的再认识

面对环境法律认识论的三重困境，环境法学应超脱法律现象，对环境法律的现代性进行阐释，并引领环境法律的发展。法律系统论的独特视角有助于实现社会理论向法学理论的“转译”，建立起法律外部利益衡量与法律内部规范论证之间互动的桥梁。法律系统论对正当性、自治性与体系性进行了重新阐释，即“自我合法化”“封闭之上的开放”“自我再生”，澄清了包括环境法律在内的现代法律存在的悖论，也指出了理论建构的大致方向。

“自我合法化”：对正当性的再认识。现代社会中为数众多的法律是通过对外在合法性来源的否弃才实现了实证化，即法律的正当性只能是一种“通过合法律性的合法性”，或者说法律是“自我合法化”的。现代法律正当性并未建立在价值推论或有意识的共识在事实上的传播之上，而在于对法律正当性无须质疑的“接受的假定”。全社会在无法达成价值共识的前提下只能诉诸假定的正当性，借助法律抵御不确定性，应对未知的未来，而使社会的分工合作成为可能，并促使现代法律演化为专门承担建立确定预期的社会子系统。这一功能得以发挥的前提就是，只有法律才能决定什么是法律或什么不是法律，什么是合法的或什么是非法的，法律系统不考虑法律制定者和法律解释者的动机和意图，不考虑道德要求。在环境保护领域，对正当性的探求是一个动态的实践过程，需要在环境社会实践中去不断认识和把握正当性。环境法律形式的正当性则为达到这种理想状态提供了一种时间上的可能性前提与方法，使人们能够超越意识沟通的局限性在裂解的多元价值中寻找到价值共识。

“封闭之上的开放”：对相对自治性的再认识。系统论并未将法律的自治性置于狭窄的法律领域进行考察，而是将自治性置于现代

社会与法律现代性互动关系的宏大背景之下予以考虑。不是某个人，也不是系统之外的任何运作，而是法律系统自身的特殊运作划出了法律系统的界限。这就是法律系统的自主性，即“自治性”。法律系统虽然在运作上是封闭、自主的，但不是孤立、自足的，而是相对自治的。外部环境能够影响、扰动法律系统，同时法律系统也可以对这一扰动进行回应；公众诉求与政治决策可以引发环境立法，同样司法判决也能够塑造公众意识或者强化政治认同。从外部视角看，这种开放表现为法律系统与其他系统之间的结构耦合，即系统假定并结构地依赖其环境中的特定状态或改变。通过某些特定结构的媒介，使法律在维持自身独立性的同时，与环境中的其他系统保持密切的联系。从这个意义上讲，建立在运作封闭之上的认知开放，保证了法律系统在不受其他系统运作逻辑之决定的同时，能够对其他系统的激扰作出反应，实现稳定行为期待的功能。因此，系统的自治性是相对的，而相对是建立在自治性的基础之上的。

“自我再生”：对体系性的再认识。不同于教义学将体系性的达致视为一种理想化目标或方法论上的主观建构，系统论将法律的体系性达成（体系化）置于法律自身进化演进的历时性视角下予以考量，将法律体系化视为法律系统结构自我再生产的过程。在“自我再生”中，旧结构成为新结构产生的前提基础，同时旧结构在以其为基础的新结构产生的过程中而得以强化；旧结构限制了新结构的产生，又为新结构产生提供了引导，同时新结构扩大了旧结构的适用范围。新旧结构之间相互依赖关系的建立就是体系化的过程。这种关系并非单纯的逻辑关系，而是在环境激扰之下存有某种价值判断的关联。因此，法律的体系性达成并非一种纯粹的、唯一的逻辑体系，而是在特定条件下在法律既有的框架内对外部价值诉求的呼应。这种自我再生产的过程不仅保证了系统内部的一致性，同时增强了法律内部的复杂性，使常规与例外、非法与合法的判断进一步丰富。系统统一性在复杂性增加的基础上得以形成新的可能。正是在这一不断嵌套的过程中，系统的意义无限增加，使富于变化的自主与独立得以可能。也因此，法律的体系性达成亦非一种绝对的目标，而是在时间意义上动态变化的过程。

三、环境法认识论的三重变革

法律系统论作为一种建立在现代复杂性理解之上的巨擘理论，抽象出现代法律最一般和最具普遍性的规律，更具全面的解释能力，能够促进法律认识论在传统性与现代性、形式与实质、普遍性与本土性之间保持一种动态平衡。借助系统论的指引，环境法学能够在认识论前提下平衡环境法治特质与现代需求，进而在法律现代性的理解之上重新建构环境法学理论基石。

正当性寻求：环境法与传统法的衔接续造。环境法并非传统法颠覆性革命的产物，而应是传统法时势进化的结果；并非环境问题因应之策下的产物，而是法律系统对环境问题观察适应的结果。故建立在传统法律基础之上的环境法，可经由传统法实质与形式一致性而获得相应形式上的正当性，同时亦可获得法律体系内部的自洽性，进而使司法中的形式正义有实现的可能。不同于环境法中形式与实质的相对割裂，传统法是经过漫长的自然演进而形成的。因此，建构在传统法结构之上的环境法，若在形式上与传统法律保持一致性，则有助于解决环境法律在司法过程中解释不能的问题。环境法学必须立足于传统法学的价值基石，并在方法论层面保持对传统法学的继承性，才能实现法学属性的回归，才能让环境法律拥有作为法律的规范性。环境法正是在传统法迈向现代的进程中实现演进，环境法学发展的每一步都将推动传统法学的现代化。

依法律行政：环境法律与政治的二元互动。系统论下的政治与法律是现代社会分化中媒介、结构、程序、功能各不相同、相互独立的子系统，两者之间是既相互分立又相互寄生的耦合关系。在立法层面上，政治通过民主制度引导哪些问题应当被关注，克制法律系统自我封闭的倾向，增加了法律系统与外部环境就关注问题产生沟通的可能性。同时，政治系统为法律失望预期的效力提供了权力保障，即法律的强制性。当违法行为产生时，强制力对责任的追究使“即便违法仍在法律规定的范围之内”，规范性结构经由违法责任的追究而得到强化。法律系统的结构为政治权力提供了普遍化与扩大化的手段。现代社会必然依赖普遍化的法律结构，权力通过将自身结构化为法律，来获得法律的普遍化效力。法律之所以能够实现普遍化效力，是因为法律系统提供了最具同质性的法律共同体以及最具普遍性的司法制裁。法律系统既能够通过广泛的法律共同体传达以法律表现出来的政治指令，又能够通过普遍化的权利诉讼提供丰富的信息监控与有效的制裁机制。如果权力把自身结构化为合法权力，那么其同时就获得了法律的优势。因此，政治权力即便将法律当成工具，也只有在遵守工具本身的功能与规则时，工具才是可用的。

环境法学体系的减负：环境法与环境保护的相对两分。环境法学研究的反形式化趋势并非单纯的法学流派或价值选择问题，而是将与法律并不直接相关的社会功能交由法律系统予以承担的问题，而这必然导致法律人以及整个社会对法律实施效果的过高期待。因此，在政治系统尚不关注、环保投入尚未充分、科学机制尚不明确、经济条件未发生根本变化的前提下，很难期待环境问题的根本解决。当环境法学过度关注环境保护实际效果，并以环境质量作为衡量环境法治的唯一标准时，将不可避免地忽视环境法律的形式合理性，损害法律的权威。一旦因为法律的外部条件支撑不足，而导致环境保护目标无法实现时，公众会迁怒于环境法律的正当性与有效性，会认为环境法律无用，陷入法律的虚无主义，继而损害的是法律的普遍性，甚至损害法律的正当性。因此，环境法学旨在形成一种现代高度分化社会背景下的形式化正义，而将环境保护等实质正义交由诸系统予以耦合，从而实现环境法学的专业化与功能化。环境法学的减负实际上承认了法律作用的有限性。唯有通过立法的民主与利益博弈成为法律本身，或者经由法官充分论证并被普遍接受的解释才能够真正进入法律内部，并作为环境法学的研究质料。

任何理论在这一祛魅的时代，都在解构着曾经的同一性，同时也在被时代所解构。理论唯有附加时代的条件才能获得暂时的同一性。环境法律正从青春期向成熟期过渡，其必然伴随环境认识论与方法论的转换。环境法律认识论关系着环境法学话语体系的建立，关系着环境法律在这个价值多元与碎片化的领域坚守同一性，关系着环境法学人如何真正回应这个时代的召唤。

从还原论、整体论到系统论：环境法学方法立场的省思

（摘自《贵州大学学报（社会科学版）》2021 年第 2 期）

环境法学作为环境法律实践为导向的部门法学，它要处理两类问题：第一类是以解决具体法律问题为目的的法学研究；第二类是关于如何开展第一类问题研究的前提性问题。在环境法学研究中，第一类环境法律问题是最常见、最主要的，但长期以来环境法学界对第二类问题始终存在分歧，并且在一定程度上影响了第一类问题的研究。实际上，我们也在按照还原论构建环境法学体系，并明确

了两种旨趣完全不同的环境法学方法论进路，即整体论与还原论。对于环境法学研究共同体而言，关键问题是选择何种立场？为何选择该种立场？以及是否存在立场间通约的可能性？

一、“还原论”的优势与劣势

还原论并不是环境法学的独有概念，它在哲学领域有其专门定义。还原论认为，复杂系统可以通过它的各个组成部分的行为及其相互作用来加以解释。还原论纲领在社会学中表现为个体主义方法论。环境法学方法争论中的“还原论”，是指将环境法律问题回溯至一个最密切相关的传统部门法的概念或者理论，通过传统概念或理论涵摄、演绎对环境法律问题的解决提供指导。还原论将环境法律分为环境民法、环境刑法、环境行政法、环境诉讼法等法律部门，将环境纠纷区分为民事案件、行政案件、刑事案件并分别处理。

主张还原论的立场有其深层次的原因。这与法学认识和解决现实问题的路径有关，即法律的保守性。表面上，还原论是纠纷解决“套路”的还原，但本质是通过与传统民法、刑法、行政法的对接以实现传统价值判断在环境领域的延伸与修正。需要特别强调的是，还原论并不是机械硬套传统部门法学概念或理论，而是根据相应的情况在价值可接受的范围内对传统概念或理论进行一定程度的修正。还原论对传统理论的修正过程恰恰是传统理论更新以适应新环境、新问题的过程，结果是传统法疆域扩展、延伸至环境保护领域。由于还原论在传统法学概念之上的体系化演绎，其知识增量能够借助传统法学相对稳固的理论基础而实现系统化与规范化。这种系统性与规范性在一定程度上保证了法学研究所应秉持的价值中立性。

除上述优势以外，还原论也存在不可克服的缺陷。这与哲学上的“还原论”是一脉相承的，即自下而上的个体主义方法论。还原论的方法立场侧重以个案正义为中心，通过个案正义促进价值的普遍化。这一逻辑成立的前提是社会共同体中存在普遍的同一性价值。但在高度后现代的环境法领域，同一性的价值前提并不存在，共同价值是随着外部环境条件不断变化的动态平衡。即便在还原论的立场之下能够形成暂时的同一性价值，但价值仍依附于传统权利价值基石，缺少对环境利益的通盘考虑。因为传统法在产生和发展的历史过程中，世界不曾面对真正的环境危机。故而，传统法所维系的社会价值在本质上是缺少对环境、生态的根本性关照的。一个缺少对生态环境根本性关照的价值共识即便在全社会得到贯彻与实现，也无法真正回应现实的环境危机。这就形成了环境法领域“应然”与“实然”的割裂。从生成机理来讲，环境法产生于人类社会对环境危机的回应，其必然将解决环境危机这类“实然”问题作为环境法正当性、有效性的评价标准，要求在价值判断中囊括“实然”因素，促进“应然”与“实然”的融合。这种对传统价值的突破显然已经超越了还原论所能维持的价值体系。环境法还原论所面临的窘境是环境危机“把本来相互联系、相互过渡的社会现象离散化、隔离化，导致无法对新兴法律现象合理解释”。

二、整体论的必然、本质与盲区

图依布纳将当代法进一步划分为形式法、实质法与反思法。环境法所处的阶段恰恰是反思法的阶段，即一个国家保障目标不清晰、需要多元参与并由程序性价值提供正当性保证的阶段。法律演化的外在动力来源于生产组织形式的变化。就环境保护而言，领域细分和专业化导致从事某一行业的公众无法通过行业内的知识了解环境保护的整体需求。不同行业群体之间仅从自身行业利益、专业需求的角度去审视环境保护，那么必然导致社会整体无法对环境保护形成相对确定的共识。事实上，生态环境的保护要求人的行为能够符合生态环境的客观规律，即物域对人域的要求，“实然”对“应然”提出沟通的要求。环境法的科学技术性迟滞会阻碍传统价值对环境危机应对和环境利益的价值内化，故整体论的环境法学方法呼之欲出。

整体论基本上是功能主义导向的，因为不同整体间的划分是以功能为边界展开的。整体论更侧重系统的整体功能。具体到环境法学领域，整体论是以法律系统外部的实质性需求——生态系统的整体性要求来协调、强化部门立法、法律部门、公私法之间的关系。这种功能要求更多的是以生态环境系统功能的整体功能发挥为前提。这会形成整体论的两种内在核心取向：第一种是借由法律系统建构一种体现生态系统整体需求的新型价值体系。首先，不同于还原论对社会价值的承认和维护，整体论是要在社会中建立一种新型的价值。其次，这种价值的揭示、识别往往是由代表科学理性的群体完成。最后，这种价值在社会生活中的建构方式必须借助于环境法律形式上的合法性。第二种是对不同系统领域的知识进行专业壁垒的降维处理，增强不同领域知识的沟通共振，促使知识融合朝着目标功能的方向发展。这就产生了另一种“分工—知识”的通俗化或者知识的专业化降维，在法学学科中突出表现为社科法学的方法。这种引介知识的选择、转译和对接均受到功能主义判断的指导，在环境法领域的体现尤为明显。环境立法就是自然逻辑、行为逻辑、法律逻辑、语言逻辑的统合过程。

哲学上的整体论更侧重的是系统的整体功能，这样可以简化对系统的认识，当然也有可能会造成重要信息的丢失，形成理论的盲区。这种盲区投射在环境法学方法层次就呈现为对环境法规范性的忽视和弱化。在笔者看来，这一问题并非环境法学研究群体的主观因素造成的，而是环境法学整体论取向必然会导致的。由于整体论强调知识的联系与转介，必然带来多元学科认识与方法对法律学科的入侵，造成认识论纷乱与方法论的杂糅。不同的环境问题、不同的问题切入点、不同的学科视角无疑会导致学者对理论选择的泛化。上述理论在解释某一领域环境法律相关问题时“无比贴切”，然而，与其他理论进行碰撞或进一步提炼对接法学理论时则显得较为突兀。这种问题导向的理论引入割裂了环境法学与传统法学之间共同的理论基础和前提预设，难以真正促进环境法学理论交锋与观点对话。在整体论的背景下研究规范性的缺失的直接后果是环境司法裁判的释法说理质量相对较低。同时，整体论背后所预设价值立场并非一种绝对普世的价值，故而在实质的说理层面难度极大。

三、系统论的整合路径

对这一盲区的克服需要用更为宏观和抽象的视角来理解环境法律在现代社会中的作用。

在系统论的视域下，整个社会是一个庞大的系统，系统内部存在诸多子系统。在系统论看来，整体论所突出强调的生态环境系统的整体性需求并非由环境法律系统独自承担，而是由包括政治、经济、科学在内的诸多子系统共同承担的。较之传统领域，环境保护领域所需要协同配合的系统更多，尤其强调科学系统在其中的作用。在系统论视野下，整体论所强调生态环境的整体需求被定义为法律的功效。这种功效是法律系统对于社会环境的回应和调控，会引起法律系统的变化。但回应和调控都不是盲目的，需要通过自身的程序进行“选择”。同样，法律系统自身对社会的调控也需要直面社会运行的“法则”。环境法律只对那些纳入政治议题或广义的规范性文件承认的整体需求，即政治系统等外部系统变化对环境法律系统的扰动进行回应，仅仅是学术或环保群体为环境的奔走呼号并不会引发环境法律实质意义上的回应。从环境法律对社会的调控角度来说，也就是法律对外部系统的输出角度来说，只有当环境法律所输出的信息符合系统外部环境的“法则”的时候，才能真正产生系统间的同频共振，继而产生相应的功效。其根本原因是环境法所提出的要求与系统外部环境契合度不足，导致无法形成系统间的沟通，继而选择牺牲合法性，形成“环境执法偏离”。

法律功能指向的是全社会，法律功效指向的则是其他子社会系统。所以，法律系统是为了一项特定的全社会功能而分出，而不是为了作为特定子社会系统的特定功效而分出的。法最基本的功能在于为社会成员提供行为预期，越是功能分化的社会，越是需要多系统的通力合作，而这种通力合作越发需要一种由法律系统提供的清晰预期。法律系统的这种预期稳定功能正是由法律自身的结构所决定的。这种结构恰恰是还原论所积极主张的核心观点。还原论主张用传统概念或理论涵摄与演绎环境法律问题，在系统论的视角下就是为了形成系统内部的信息冗余，促使新环境法律能够不断指向传统法，形成传统法与环境法的关联性。

在系统论的视野之下，整体论与还原论不是非此即彼的冲突立场，而是包括环境法在内的现代法律系统的两种结构指向——功效与功能。功效负责法律系统对外部的调控，功能负责对外部的环境激扰产生回应。社会整体包括诸子系统通过法律系统的规范性预期稳定功能促使法律追求的功效得以实现。就环境法学而言，两者可以简化为目标与手段的关系。这一认识对环境法学方法论会产生两种要求：

一是以功能为定向对外部方法、要求的法教义学转化。整体论所强调的生态系统是由“真/非真”结构转化为“法/非法”的结构。这在立法论领域表现为不同学科对立法所提出的要求最终需要通过法学整合在法律文本中。这一整合过程恰恰是事实要求向应然结构的转化过程，受到相关制度结构、法律规范严格制约。整体论所要求的目标作为一种经验事实，在引入法学体系当中，首先要在特定的规范框架内才会有决定意义，同时需要在法律系统之内进行一种对后果的再评价。至于这种目标是否真正能够转化为所期望之功效，则依赖于法律系统内部对目标的考量是否能够体系化，是否能够与既有规范形成信息冗余，继而实现法律“规范性预期的稳定”功能。

二是以功效为导向的环境法教义学。在进行教义学的概念涵摄和概念建构时需要融入实体性的价值判断，这种价值判断往往是生态化的。这在环境法解释论领域体现得较为明显。在生态环境损害领域，一种事实判断与社会价值的应然性判断巧妙地结合在一起，并形成了一种可司法的“知识储备”。这种知识储备能够在类案中反复使用，甚至可以在不同属性的案件中创造性地借鉴使用。这种知识储备是将外部价值引入教义学体系并进行固定的过程。使法律论证过程的外部指向最终实现了内在化。环境法的教义学并非一个仅追求确定性的不变过程，其还包含了多样性的要求。在环境法领域这种多样性主要来源于法律系统对社会的主动调控，而这会形成我们所强调的“以功效为主导的教义学”危机。环境法教义学外部价值的融入更多的是依靠当下对未来的超前预判，故而会出现预判与未来现实不一致的情况，继而造成当下法律决策的风险性。对这种风险的克服仰赖于有关事实信息的掌握。这恰恰又递归于“以功能为定向对外部方法、要求的法教义学转化”。也就是说，要求一与要求二是互为一体、相互支撑的。

但在功能与功效发生冲突时，功效需让位于功能的实现。目的与现实之间是存在差距的，由于社会的复杂性，一项旨在促进经济发展的法律规定，并不一定会实现此项任务，但法律的功能不能因此而受影响。

环境法学之所以存在还原论与整体论的争议，本质在于其极富现代性与复杂性。环境法学需要一种对现代性极具解释张力的理论才能够回应和解释环境法律实践。

功利与规制视域下的社会源危险废物法律制度完善

（摘自《中国高校社会科学》2019 年第 5 期）

一、“社会源危险废物”的三重法律体系

我国对社会源危废的规制大致遵循了社会源危废作为固体废物的资源性、危险废物的危险性、社会源危废的社会性特征三种路径，并呈现出三重法律体系。我国基于社会源危废的资源性采取了功利导向型的规制，即通过市场经济手段调整，让公众基于经济理性而自觉参与到社会源危废的回收之中；基于社会源危废的危险性采取行政高权规制措施，不问监管对象守法成本高低、价值认同与否，通过行政执法、法律责任强力形塑管理秩序；而基于社会源危废的社会性的规制则类似于平衡功利措施与规制措施的调节阀，通过豁免的条件设置降低守法成本，有针对性地规制环境风险。

社会源危废是固体废物的一种，具有资源化的潜力，经过合适的技术处理即可作为资源再次使用，属于“放错位置的资源”，受《固体废物污染环境防治法》（以下简称《固废法》）、《循环经济促进法》、《清洁生产促进法》中资源再生类法律制度的调整。对于

生活中常见的再生资源通过各类技术规范来指导、促进其回收利用工作。然而，不同于西方国家对待各类废物的严格态度，我国对于包括社会源危险废物在内的固体废物的回收采取促进、鼓励的态度，多采用行政指导与经济刺激手段鼓励公众自愿回收社会源危废。这也导致了我国危废立法策略在很大程度上削弱了社会源危废制度的实施效果。

对于严重威胁公众健康高污染性的危废，世界各国无一例外地采取了严格管理对策。社会源危废属于《国家危险废物名录》中规定的“具有腐蚀性、毒性、易燃性、反应性或者感染性等一种或者几种危险特性的，或者不排除具有危险特性，可能对环境或者人体健康造成有害影响，需要按照危险废物进行管理的”固体废物，受《固废法》中“危险废物污染环境防治的特别规定”章节的调整。《固废法》对于危险废物采取了严格的全过程管理，包括危废名录制度、危废管理计划制度、危废经营许可制度、危废转移联单制度、危废应急制度等。就此所建立的高权行政规制体系，以提前介入的方式管控危废全过程，通过“命令—控制”手段提前干预危废的产生、收集、处置，具有法律价值体系上的正当性。

不同于一般意义上的工业源危废或医疗源危废，社会源危废产生于普通公众日常生产生活之中，具有分散性和不确定性的特征。从来源中可以看出，社会源危废的产生主体分布广且零散，单一主体产废量极小且不确定，使社会源危废的环境风险并不像工业点源一般清晰可预测，具有风险上的模糊性。由于主体数量众多，产废总量远超工业点源，经过长时间的蓄积则可能造成“危废围城”，使原先低风险的产废环境经过富集的效应产生潜在的危害。从规制的角度而言，政府无法对高度分散的、不确定的社会源危废采用传统危废的全过程管理，其原因在于监管成本巨大，且效率低下。为此，我国对于社会源危废采取了豁免制度。对于经过垃圾分类收集的社会源危废，仅在分类收集阶段不按照危废进行管理，其余过程需严格按照危废进行管理，即收集阶段豁免。其目的在于依据危废风险高低采取有针对性的管理措施，对于危废集中化所产生的危险程度进行区分化的管理。

二、功利与规制的耦合困境：社会源危废立法的法社会学考察

在理想状态下，功利手段与规制手段应相互密切配合，以实现社会源危废的减量化、资源化与无害化。但从我国公开的社会源危废管理结果来看，当前的制度体系在现实生活中尚未完全发挥理想的作用，回收率与发达国家有巨大差距。在通过深入浙江、四川两省的调研以及根据法律系统外部的法社会学路径予以研究后发现，我国社会源危废立法中所采取的功利措施与规制措施之间的迟滞与阻碍是造成社会源危废立法实施效果不理想的重要原因。

一方面，过高的规制标准大幅提升了守法成本，降低了合法回收的利润空间，阻碍了功利效果的达成。依照现行《国家危险废物名录》规定，分类集中后的社会源危废按照危险废物实施管理，对危废的收集阶段进行公法规制的豁免。但事实上，危废在收集阶段除了受到《固废法》调整之外，还受到交通行政主管部门的《危险化学品安全管理条例》《道路危险货物运输管理规定》的规制，以及环境行政主管部门的《环境影响评价法》《建设项目环境保护管理条例》的规制。《国家危险废物名录》的豁免仅适用于危废管制，并不适用于前述两套法律体系的管制。这使危废处理在运输、存放、环评等环节产生不必要的回收成本，并最终导致了合法回收价格要比非法回收价格低30%～50%，公民出售给合法企业所获得

的利益远低于出售给非法单位所获得的利益。这不仅消减了主体参与社会源危废回收活动的功利动因，还使合法回收成本居高不下，非法回收大量侵蚀合法空间，形成“劣币驱逐良币”的制度环境。

另一方面，功利措施消解了规制措施的有效性，导致市场管理秩序的丧失。《固废法》第四章“危险废物污染环境防治的特别规定”仅将规制的主体限定为“单位”，将产废的个人排除在规制范围之外。这使公民是否愿意对危废进行回收完全取决于功利上的自觉或者道德上的自愿，在收购价格存在30%～50%差距的情况下，公民出于自身利益的最大化，往往会更倾向于将社会源危废作为生活废物出售给非法回收者，且完全不必担心出售行为的违法负担，而非法回收者更可以堂而皇之地以收购生活废品的方式走街串巷回收社会源危废。我国危废的管理体系及随后一系列的监管措施都因为源头规制真空而被虚置，直接导致了对国家法律体系权威性的削减，使社会源危废市场预期和信心不足。在市场不可能关注和大规模投资这一领域的环境下，更加阻碍了资源再生的回收网络与社会资源的投入。

三、功利与规制关系的法理再定义

我国当前社会源危废的管理陷入一种功利与规制相互阻滞的循环悖论之中，就法学而言，当前社会源危废立法在实施中所面临的现实困境与功利—规制间的割裂认识不无关系。按照通说：功利是基于个人的利益最大化，而规制则是基于公共利益的最大化，两者之间“泾渭分明”。这一认识虽然强调法学方法论上的一致性与体系性，但忽视了两者之间的应然的互动关系——市场与行政之间的互动关系。因此，有必要重新定位功利与规制在法律中的关系。

国家之所以在资源再生立法中运用经济刺激的功利手段，其目的在于希望借助个人利益的最大化来实现普遍的守法。在公民基于社会利益这一决定性因素而守法的前提下，“法律和社会的安排，应当使每一个人的幸福或（实际上也就是所谓的）利益尽可能地与社会整体的利益和谐一致”。“国家的目的是通过某种利益机制确保社会成员的个人行为能够促进社会共同体的最大的善，无须考虑个人在想什么或者个人有什么信念。”因此，法律视野下功利的根本目的是通过个人利益最大化实现社会共同体利益最大化。在个人利益与社会共同体利益相一致的情况下，个人出于追逐自身利益的目的自觉选择遵守法律，而法律又在实际上有利于社会利益，最终个人的守法行为带来社会利益的最大化。

但在个人利益与社会共同体利益不一致的情况下，则需要通过规制手段来改变公民守法与违法的利益差值，从而迫使公民遵守法律实现集体利益的最大化。故而，个人的功利并不是目的，而仅仅是达到共同体利益最大化的手段。这与同样作为手段的规制并无二致。因此，当法律仅仅是为了激励个体利益最大化而忽视这一手段背后的真实目的——社会利益之时，甚至导致个体利益与社会利益相违背之时，法律所规定的功利手段就失去了意义，失去了作为手段的目的性。

我国当前的社会源危废管理制度虽然在短期内实现了公民个人利益的最大化，但从整体利益和长远利益来看，却造成了整个回收市场的衰败，更是放纵每年数千吨的危险废物进入公共环境并危害公众生命健康安全，这并非社会利益的最大化，亦非法律意义上真正的功利。

规制手段平衡了个人利益与社会利益的不一致，将环境行为负外部性内部化，创造了环境市场，继而使社会利益框架下的个体功利得以实现。在规制手段不充分的情况下，个人利益的攫取将会破坏社会公共利益，使危废的回收仅关注资源利益，而忽视危废的危险性。在充分、适当的规制之下，个人所获利益是危废市场价值的一部分，社会源危废持有者、收集者、处理者均可在公共利益维护的基本前提下获利。但正如前述，过度规制会抑制社会源危废的资源属性，使本应被持有者、收集者、处理者分享的利润空间被过度的管制所消耗，继而阻碍环境市场的成长和扩大。因此，功利手段必须建立在规制形成秩序基础之上，只有这样，个人利益才能在尊重公共利益的前提下经由市场调整；同样，规制手段也必须考虑到功利可能性，只有这样，才能提升行政效率并真正维护公共利益。

四、基于功利的规制完善——社会源危废立法优化

当不再将个体的功利等同于社会源危废立法实质目的之时，功利与规制之间的矛盾便消解了。功利促进个体对代表公共利益规制的认同与遵守，而规制创造了环境市场并平衡了个人利益与公共利益的矛盾，使公共利益之下的个体功利成为可能。

我国社会源危废市场运行不畅的根本原因在于规制得不充分。不充分的规制没有对社会源危废市场形成支撑，市场仅选择呈现危废的资源性。针对这一问题，必须对规制手段进行强化，即增加主体义务，将主体环境行为的外部性内部化，并进一步激发环境市场。在已有的强化生产者义务的框架下，强化持有者义务是当下法律规制所缺失的。域外社会源危废立法无一不涉及公民（消费者）的回收法律义务，即通过立法要求公民就社会源危废的分类、准备、交付承担相应的义务。我国是否需要参照域外立法为公民设置义务需要从法学角度进行价值定性分析——公民回收义务的证成或证伪，而不是简单的有无比较。一方面，出于保护优先原则，即在危及生存权和国家重大生态安全的条件下，应当优先考虑环境保护

的利益需求，在我国增设公民社会源危废回收义务具有法律上的正当性。国家立法必须对公众持有的社会源危废采取类似一般危废的措施进行严格控制，而非激励措施。另一方面，出于利弊权衡的考量，设置公民回收义务也具有正当性。无论是否设置回收义务，我国对于社会源危废的回收机制已然建立，管理成本已然支出，在此前提下，应当将更多的社会源危废纳入合法回收机制之中，提高经济效率。公民的社会源危废回收义务并非单个义务，而是针对社会源危废管理特征的一系列义务的总称，具体包括社会源危废的分类义务、预处理义务和交付义务。在上述义务体系中，分类义务、预处理义务将公民与国家回收体系衔接起来，而交付义务则将公民与生产者责任体系联系在一起，确保公民可以通过履行义务获得相应的对价才是真正意义上社会源危废市场之下的功利。

充分的管制措施创造了符合公共利益、体现危险性的社会源危废市场，遏制了非法市场，但同时也需要特别注意，过度管制措施将侵占合法市场利润，不利于社会源危废市场的良性发展。因此，各国均针对社会源危废的社会性采取更为宽松的规制措施，但是针对社会源危废社会性的规制放宽并非恣意而为，而是有着严格的条件限制。首先是目的性限制。基于社会源危废的危险属性，对其管制的放松必须能够满足底线性要求——公众健康与环境安全。无论是否采取规制放松，豁免何种义务，社会源危废最终仍要经历危废的资源化再利用或无害化处置。管制的放松仅仅是社会源危废处置的一个或部分环节，绝非放纵社会源危废混入生活垃圾，任其自由进入自然环境之中，其最终的目的是降低社会源危废进入自然界的总量。其次是环境风险的限制。在社会源危废管理的全过程中，不同阶段的环境风险并不相同，收集阶段环境风险较低，蓄积后的社会源危废环境风险可参照普通危废。在风险相对较低的环节应当豁免高风险的因应措施，降低规制所产生的回收成本，提高相应主体参与社会源危废回收活动的功利动因。最后是成本效益的限制。所有规制阶段的成本最终都会体现在社会源危废再生与处置的价格端，从而作用于经济系统。精确的成本效益分析是保证公民个体利益最大化并能不触及环境风险底线的重要手段，这种成本效益分析并非简单的经济利益的权衡，而是通盘将管制放松的环境风险、公众健康风险、潜在的有效代替措施、社会源危废再生的经济利润、污染者以及生产者的经济负担等考量在内。因此，有必要对社会源危废的管理过程进行全面的梳理，针对低风险阶段规制采取区别于一般危废管理措施的附条件规制放松。

环境立法确定性命题的提出与展开

——以固废法体系为例

（摘自《中国地质大学学报（社会科学版）》2019 年第 3 期）

一、环境立法确定性命题的提出

环境立法确定性命题的提出需要回答立法确定性和其对环境法治实践的意义两个问题。所谓确定性，是指法律能够为人们的行动提供一个相对明确与肯定的结论，并得出一个明确答案的功能。根据法律运作的类型，可将确定性大致分为立法上的确定性和司法上的确定性。前者面向静态规则，侧重语义，以立法技术为核心；后者面向规则解释，侧重方法，以解释技术为核心。在立法确定性中，法律规则构成了立法确定性的最基本承载单位。“行为模式 + 法律后果”组成的法律规则不仅是法律系统的基础结构，在为行为提供指引的同时，也为法官提供了裁判依据。故而，立法的确定性可以根据法律规则的基本结构进一步解构为三个子命题：法律概念的精确性、法律规则结构的完整性与法律规则内容的确定性。环境立法的确定性即在这三个层次展开。之所以强调环境立法确定性这一古老的传统命题，是因为其与我国当前环境法治阶段的实践困境有关。因此，提出环境立法的确定性命题不仅仅是纯粹价值理论的逻辑推演，更是回应中国环境法治的实践需求与现实问题的探索。

首先，环境法律规则的可司法性难题指向了环境立法的确定性。通过对近年生活垃圾治理有关行政公益诉讼案件进行梳理，本文发现约75%的固废案件将在缺少《固废法》具体规则支撑的情况进行裁判，这意味着法院在进行司法裁判时近似处于“规则裸奔”的现实窘境。这种窘境可部分归因于我国《固废法》确定性不足。当作为大前提的法律规则缺少确定性时，“如何决定被定义或被划分的案件的类型或种类，如何判定被阐明的乙规则，如何判断某一案件是属于甲类还是属于另一类（即查明、评价事实）是很困难的”。法官需要借助各种解释方法为规则填补空缺、清除瑕疵，从而使疑难案件的判决能够恢复到大小前提清晰明确的简单案件状况。在这一过程中，法官多使用开放性的解释技术对规则与事实之间的巨大实质鸿沟进行填补，而填补的质料多基于社会效果与政策需求的考量。但考虑到经济利益与环境利益权衡的复杂性，需要确定性的法律规则来清晰呈现利益的边界，使法官能真正有效适用法律定分止争。

其次，环境行政恣意的克制需要确定性的环境立法。当前我国环境行政面临的“不作为”或者“一刀切”“滥作为”困境，其本质上都是环境行政的恣意，原因在于行政权力缺少法律的控制。这种法律控制的不足并非无法可依。多少“选择性执法”“行政不作为”的背后，都有法律上说辞，成为公权力突破法律框架限制的借口。当前法律控制的不足是更高层次的，即法律的确定性不足造成的。笼统的法律授权与抽象的义务性规定使行政权力可以通过选择不同语境下的理解规避公众与司法监督，而堕入权力的人格化与市场化。确定性意味着对法律概念、规则语义空间的限制，其限制了语境变化所带来理解上变化的潜在可能性。环境立法本质上是民主立法代表的权利价值与国家理性立法代表的公共利益的统一，这种统一性经由确定性的环境法律规则得以固化，成为行政权力行使的基本框架。只有在确定性立法的框架之下，方可把权力关进法律制度的牢笼。

最后，环境善治呼唤具有确定性的环境立法。现代环境治理不同于传统的公共治理，其不再单纯依靠国家权力，更仰赖于国家权力、市场经济、科学技术、公众道德、法律等多系统、多领域的综合作用。环境法律在其中发挥着载体与平台的作用，法律通过预设争议与争议处理模式为行为提供预期，降低了市场行为、科学技术行为、权力行为、公民行为之间相互配合的合作成本。法律确定性的不足会导致诸系统间的耦合不足，进而造成治理无效。只有当环境法律给相关主体提供清晰预期时，市场、科技、公众自会进行判断从而采取相应的行为，各个领域有效的系统互动得以可能。在这个意义上，环境法律的确定性不仅直接影响了对个体行为的引导，还影响到不同社会分工之下的通力合作与价值沟通是否可能，进而决定了环境治理的效果。

二、环境立法确定性的子命题之一——环境法律概念精确性

环境法较之传统部门法而言，在更大程度上面临着概念的确定性问题。环境立法需要借鉴社会生活中通常使用的，在科学、管理领域已经清楚界定的概念术语，以求法律表述的“达意”。显然，较之概念创设，概念借鉴的交流与接受成本要低得多。但所借鉴的

词语并不能直接满足环境法律规则目的性的需要，需要经由法律体系的转译。要么通过说明条款重新界定转译概念在规则体系中的外延与内涵，要么通过相关规则的体系解释间接澄清概念的意涵空间。但在环境法律中，对于概念的转译工作并不到位。某些核心环境法律概念直接照搬环境科学定义，虽词语语义精确，但缺少规则体系上的精确性。也就是说，环境法律概念并未彰显规则上的应有之义，而是被自然科学上的定义所限制，缺少必要的转译。

旺克认为所有法条中的概念都为其目的性服务，这种目的性决定了概念的内容和形式。在目的性实现的过程中，“目的性纲领”往往被“条件式纲领”所取代，对法律明确规定的要素事实赋予法律效果。依照旺克的理解，法律概念应是若干法律规范共性内容的抽象，若干法律条款与文字共同支撑了法律概念的意涵空间。因此，对于法律概念的建构，描述性的说明条款仅仅是一部分，通过概念相关条款对概念核心要素的效力关联才是真正意义上的法律含义澄清。通过尽可能穷尽概念所能涵盖的要素，并明确要素与法律规则效力之关联，使法律概念与体系内的法律规范相互耦合，该立法技术值得我国借鉴。

三、环境立法确定性的子命题之二——环境法律规则结构的完整性

标准的法律规则结构即是“行为模式＋法律后果”。尽管在法律体系中，有些规则并不具备这种结构，如法律目的、法律原则，但其效力的发挥却最终依赖于具有标准结构的法律规则。如果仅有法律后果，而无行为模式，则法律规则完全没有任何意义；仅有行为模式而缺少法律后果，则仅具有价值牵引功用，无法对行为形成拘束或指引。具有标准结构的法律规则构成了环境立法确定性产生

的基本面。

然而，在环境法律体系之中存在大量缺少法律后果的规则，此类规则属于软法规则的一类。在环境立法中，使用大量软法规则并不恰当，这会导致环境立法的确定性不足。所谓软法，“指那些效力结构未必完整、无需依靠国家强制保障实施、但能够产生社会实效的法律规范”。软法规则在环境法中多为“指导性、号召性、激励性、宣示性等非强制性规范”。从确定性的角度理解，由于必为义务规则缺少必为的内容，仅仅保留有目的状语内容，其基本的规则结构并不完整，不能规范政府行为，更不能为公众选择行为提供指引。软法规则的不当使用不仅造成了软法规则本身的实效性不强，更损害了环境法律的权威性。

激励规则可还原为“行政主体+必为义务+鼓励对象+鼓励行为”。从软法规则角度理解，“行政主体+必为义务”是对“鼓励对象+鼓励行为”的资源保障。从硬法规则角度理解，“鼓励对象+鼓励行为”是“行政主体+必为义务”的目的状语，即“行为主体+必为义务+以‘鼓励对象+鼓励行为’为目的”。在这个意义上，所有的激励规则并非真正意义上的软法规则，而是不完整的行政主体义务规则，仅保留了行为模式中的目的状语部分。那么就需要增加“行为主体+必为义务”来还原必为规则的全部结构。通过对域外法的学习和借鉴，有两种将我国不完整的激励规则转化为必为义务规则的路径。第一种路径是将激励性规则转化为若干条义务规则。当国家（地区）已有政策规定或相应的激励制度体系以及相应的财政支出时，应通过立法对国家（地区）激励行政权运作的程序、期限、对象及财政保障予以明确规定。第二种路径是将激励性规则作为已有规划、标准、财政、决策等内容的组成部分。通过对规划、标准、决策内容进行规定，将激励措施作为规划制定、标准制定、行政决策义务内容的一部分，进而实现了软法向硬法的转化。

四、环境立法确定性的子命题之三——环境法律规则内容的确定性

法律规则内容的确定性要求，是指法律规则的内容明确肯定，无须再援引或参照其他规则来确定其内容，行为人就能够清楚地预测其行为及潜在的法律评价，而不至于对规则内容产生理解的偏差。实证分析法学家冯·赖特将法律规范的内容要素化为：规范主体，规范所指向的人；规范特征，法律的规范形态，通过“应当”“不得”“可以”等规范性语词表现出来，包括命令或禁止与允许；内容，指的是所命令或禁止以及允许的事项；适用条件，指的是规范规定所针对的事实情形，如命令或禁止针对可能违反的情形所发布，这种可能违反的事实情形是适用该规范的条件；场合，指的是规范适用的地域和时空。我们评价法律规则的内容是否具有确定性时，一看规则内容是否具备全部要素，二看要素内容是否具体精确。具体到环境立法而言，法律规则要素存在的问题各不相同。第一，特征要素层面，未严格区分行政主体“应当”与“有权”（授权），行政职责规则与行政职权规则的特征词混用，无明显差别。第二，内容要素层面，规则内容过于原则概括，不具备规则上的实际意义。第三，部分规则缺少规范主体、适用条件与场合。

一方面，需要在区分赋权规则与职责规则的前提之下，增加具体的行政主体义务限制行政赋权，以平衡行政主体权力与义务。通过职责条款划定职权行使的边界，当行政主体违背或怠于履行职责时，可依据该职责性规定追究主体的行政法律责任。义务性的规定限制了职权的过度授权，保证了能够及时、有效地行使职权。在设

置行政主体义务时，尤其应当注意对义务中权力运作程序、权力发动条件与场合、权力行使合理期限、权力性质规定等的细化，继而实现对义务规则内容的立法控制。职责条款与赋权条款的措词具有明显的差别。在赋权条款中，多使用目的式的限制以彰显行政权力的正当性。而职责条款则不同，其更多采用条件式的限制以限制行政权力的运作，细化义务内容。此外，即便采取相应的立法技术，国家立法仍会由于立法信息的不充分而走向模糊。在当下，环境地方立法呈现井喷之势，不少地方立法之中存在大量可供参考的具体法律规则，从术语到内容都极具针对性。国家环境立法可以从中借鉴有益经验，以弥补国家立法信息不足，增强规则内容上的确定性。

另一方面，应当规范环境立法用语。法律用语与日常生活中的用语虽有一定关联，但由于法律的简练性、规范性，要求法律用语必须区别于日常生活中的用语。无论在抽象性方面还是在准确性方面，它都必须高于日常生活中的用语，尤其不能以口语来代替法律法规范术语。事实上，运作程序、权力发动条件与场合、权力行使合理期限、权力性质等要素化的方式在一定程度上已经限制了用语的口语化。口语化、概括化的用语在一定程度上伴随有立法者的主观态度，其背后可能是利益博弈之后有意采用口语化表达模糊利益关系，也有可能是无意识之下术语使用的路径依赖。对于有意采用口语化表达模糊立法内容的应持批判态度。既然立法无法对利益进行精确的表达，应尽可能通过政策予以调整而不是通过立法调整。模糊的立法事实上将立法难以协调的利益关系交由司法机关进行协调，这会进一步弱化我国环境司法的权威性。对于无意识的口语化，其最终仰赖于全国层面的立法技术规范完善与立法学的发展，通过《立法技术规范》限制立法中的术语运用。

中国特色生态法治体系建设论纲

（摘自《法制与社会发展》2017年第6期）

建设中国特色社会主义法治是中国政治建设与国家治理现代化的主旋律，而生态法治建设是其重要的组成部分。总结过往生态法治实践，将国家顶层设计具体落实，回应并解决人民群众切身关切，建立“四位一体”的生态法治体系是当前亟待研究的重大理论问题。

一、全面推进依法治国背景下的生态法治

作为全面推进依法治国中的一环，理解生态法治的定位与特性是展开中国特色生态法治建设研究的基本前提。

（一）生态法治在全面推进依法治国中的战略定位

生态法治体系建设作为全面推进依法治国的一部分，必然在此图景之下展开，并依照其设计路径发展。生态法治是对宪法价值位阶下人身利益、经济利益、生态利益衡平规则的细化与延伸。生态法治中深层次、基础性问题的解决离不开相关部门法治的支撑，仰赖于中国法治的整体推进。理性建构的生态法律背后是深刻的国家发展战略，抛开中国本土的政治资源、经济背景、科学技术条件，生态法治不可独存。

蓬勃的环境立法为法律体系科学化提供了大量素材和实践场域；复杂的生态执法是促进中国执法体系由一元向多元、严格向高效、管理向服务改革的重要动力引擎；特质化的生态司法有力推动了中国司法改革，促进了法治与政治、法治与科技的沟通融贯。生态法治中那些具有共性、积极、有效的实践经验则会被其他领域所

借鉴，并进一步上升为中国特色社会主义法治建设经验，以局部带动整体。

（二）中国特色生态法治建设的特性

中国特色社会主义法治建设的复杂性与环境保护的现代性决定了中国特色生态法治建设必然不是一个线性的发展过程，而是一个不断克服困境的曲折发展过程。中国特色生态法治体系建设必然异于他国环境法治道路，也不同于传统领域法治建设路径，有着自身的发展特点，即复杂性、本土性与渐进性的特征。

首先，环境问题的公共性与不确定性决定了在环境领域利益诉求的多元性，共识形成过程困难且复杂。在法律规则层面就表现为立法的模糊化、一般化与抽象化。立法、执法、司法、守法各个部分必须步调一致，形成一体、敏感、灵活的互动体系，才能保证生态法治体系的良性运作。就生态法治建设来看，其将环境问题与环境社会关系的复杂性内化为生态法治内部结构的复杂性，就是法律自身不断特殊化与复杂化来应对外部信息的干扰。

其次，从自然禀赋来讲，中国地理跨度大，气候多样，人口密度大，人均资源与空间贫乏，中国经济发展带来的环境问题的复杂性与强度超过西方发达国家所经历的环境危机。从主体利益诉求来讲，中国各阶层、各区域经济发展暂不均衡，而环境利益诉求具有相当的弹性，不同阶段对环境利益的需求程度和表现形式并不相同。从法治资源来讲，中国共产党的领导、单一制的国家体制是中国历史演进的必然，也是全国人民的最大共识，抛开法治运行所依赖的政治资源，法治必然是空洞的。

最后，生态法治作为全面法治建设的一部分，不可能因为其个性化的要求而给法治的总体安排与基本价值秩序带来剧烈的震动。同时，中国正处于改革的攻坚期，中国改革的方式本身就是渐进式的，这是中国改革开放取得巨大成功的现实经验，其决定了激变式的法治建设并不符合中国改革的现实境况。

二、科学的生态法律体系建设

一方面，科学的立法应当反映法律的本质属性与内在规律，满足法律功能得以发挥的规范性要求。另一方面，科学的立法能够体现法律作为社会调整工具的外在属性，尊重和体现客观规律，体现社会良善价值，反映公众的真实意愿与价值诉求，科学地调和社会中的利益配置，满足法律的有效性要求。

（一）生态法律体系的审视

以立法的科学要求作为标尺去审视当前的生态法律体系，其规范性、有效性仍然阙如，距离十八届四中全会所提出的“及时性、系统性、针对性、有效性”要求仍有较大的距离。主要表现在以下几个方面：第一，立法碎片化与环保综合性的错位。就我国目前的立法状况来看，碎片化立法内容并未充分体现环境要素之间的应然关系，与之配套的行政综合管理机制与行政合作机制尚待完善。生态立法虽初具规模，但距离一个逻辑自洽的法律统一体尚远，在法律实践中总是存在价值评价的矛盾、错误与规则上的漏洞。第二，立法专业化与环保民主性的冲突。环境行政部门利益冲动并未受到合理制衡，部门利益在生态立法中存在恣意表达的境况，进而致使环境行政部门主导的、多元参与、体现公共利益与诉求的生态立法退化为环境行政部门垄断的、一元封闭、部门本位主义的立法方式。部门本位的生态立法意味着立法目标与内容仅局限于“部门”的高度，自成体系，漠视甚至无视公民诉求，在利益冲突时将部门利益置于公共利益之上，并通过法律予以固化；其直接后果就是法律的社会共识凝聚与表达、社会矛盾减压阀的功能丧失。第三，立法有效性与法律规范性的抵捂。当前的生态法律体系未能妥善处理生态立法的社会效果与法律的规范性要求之间的矛盾。立法表现出更为强烈的社会效果导向，其直接后果会进一步侵蚀法律的自治空间，具体表现为法律文本的模糊化与政治化，阻碍了法律解释的内部循环，极易造成司法之不能与执法的恣意。

（二）生态法律体系的建设方向

首先，外部体系化建设应实现部门法间的交融与互动。生态法律的合法性与正当性根源于宪法规范，也只有将宪法价值贯穿生态法律始终，才能避免因观念的歧见造成行动的冲突，才能防止因利益的纷争引发彼此的对抗，才能消弭因各人自以为是而带来的社会混沌无序。在生态法律体系建设中，生态法律的改、废、立应当与宪法规范的逻辑保持一致，并通过审慎的法学解释、司法证立努力将宪法规范的价值与效力融入纷繁的生态法律规则之中，以增加生态法律部门与宪法的融贯性。生态法律与其他部门法律的体系化不仅需要法律的“绿化”，还需要生态立法在内容上与传统立法主动协调。这种内容协调不仅仅指法律文本上的改、废、立，还包括文本背后价值、意涵空间、法学方法的协调，即解释学、教义学、方法论层次上的衔接。

其次，内部体系化建设应实现部门法内部的协调与衔接。在实质内容上，通过增强相关生态立法之间内容的衔接，应对环境保护的综合性。具体包括环境要素立法之间的内容衔接，以体现环境要素之间的自然关联性。在形式逻辑上，通过法律解释与解释方法的固化使生态法律体系融会贯通，应对不同规则间的重叠交叉、矛盾冲突。

最后，立法体系化建设应实现国家立法与地方立法的分工与协作。大量的地方立法将对国家层面的模糊立法进行补充，同时对自上而下的国家立法理性进行校正，其更多是尝试与实践性质的，更加符合生态法治建设渐进性的发展方式。国家立法应当对地方立法中那些有普遍性、共识性、有效性的立法经验予以借鉴，及时将其反馈至国家生态法律的文本之中，形成自上而下与自下而上双向互动体系。

三、严格的生态执法体系建设

生态执法体系建设的专业性、民主性、综合性决定了生态执法并非传统秩序性执法，而是面向福利供给的公共服务性执法。可以预见，生态执法体系建设当下所面临的问题与解决路径都会成为未来中国整体行政执法体系改革的基础，是中国执法体系建设的试验田与试金石。

生态法治建设的复杂性决定了生态执法较之传统部门执法而言，在立法、执法、司法、守法组成的法治体系中的地位更加凸显与关键。然而，与生态执法关键性地位不相符的是，我国目前生态执法的社会效果并不彰显，甚至有损害法律权威之可能。一味将此归咎于执法体制、机制漏洞，归咎于执法不严、国家治理能力低下，显然忽视了中国生态执法体系的现实困境，逻辑上是简单、粗暴与不负责的。在以经济增长为主要考核指标的理性下，隶属于各级人民政府的环境行政主管部门自然面临依法行政与服从命令的艰难选择，外部就表现为“地方保护主义”。条块割裂的执法方式使勤勉的行政部门深陷于自身的规制目标，忽视整体的行政计划与行政主体间的协调，使行政个体的理性选择导致了行政系统的非理性，外部就表现为“部门本位主义”。针对上述问题，应严格政府目标责任、促使行政体制一体化改革、实现执法手段多元化、保障公众参与有效化。

四、公正的生态司法体系建设

生态法治建设的复杂性与本土性对生态司法体系建设提出了更高的要求，其不仅面向中国司法体系建设中独立裁判、严格司法、司法监督等本土化议题，还面向中国司法体系建设现代化的议题。生态法律所面临的困境不仅仅是生态法律本身的复杂性，更多是法律适用上对行政执法的过度依赖与司法的羸弱。因而，生态司法体系建设呈现出巨大的个性化需求与差异性表达。中国需要并且已经开始探索一条立足于本土资源的中国特色生态司法体系建设之路。

我国生态司法建设面临法律供给不足、行政公益诉讼缺位、专业性支撑薄弱等现实问题。在法律供给层面，我国尚未有法律、法规对专门化中的审判机构、审理程序进行规定，尚未形成独立的诉讼程序。实践中，多数情况下环保法庭只是将环境类案件进行简单的合并，并没有达到环境问题的学科交叉性特点所要求的诉讼程序实质整合，地方人民法院依旧按照传统的民事、行政、刑事程序分别进行审理，并未形成一套独立的、系统的、符合环境保护需要的诉讼程序。环境纠纷在进入司法程序后，实体法可操作性不足，并不能作为解决纠纷的依据。这种实体法缺位的司法裁判要么容易导致“案结事不了”，要么是运用法律规定外的方式解决纠纷。但无论哪种情况，都会对生态司法公信力带来负面影响，造成司法权威的下降。在公益诉讼层面，行政公益诉讼缺位。环境行政公益诉讼仅涉及少数案例，在政策性文件中初露端倪，尚未形成正式的司法制度，让环境民事公益诉讼陷入应对环境危机的实用主义立场和行政权的运作思路之中，一方面，在一定程度上消解了法律系统中司法的中心地位，损害了形式法治之下独立行使审判权的基石；另一方面，司法机关在事实上超越了行政机关，成为环境公共利益的第一顺位保护者，造成诉诸司法裁判之前就绕过行政权的规制作用，致使行政权的懈怠。在专业支撑层面，全国各地环保法庭中具有环境法专业背景的法官数量较少。法官的环境法专门知识、个体私益与公益的衡量技术、经济发展与环境保护的协调能力等方面都不能很好地满足解决环境纠纷的需要。目前全国从事环境类司法鉴定的机构不超过10家，面对全国环境事件高发的现实，机构数量远不能满足需要。此外，环境司法鉴定还面临鉴定周期较长、鉴定费用过高、鉴定依据不准确、重复鉴定等问题，进一步制约了生态司法的顺利开展。

针对上述问题，应从如下几个方面进行完善。第一，持续推进环境司法专门化。未来中国环境司法专门化要朝向制度化、规范化和有序化的方向发展，以功能为导向，结合转型中国的社会现实，对审判机构及审判程序的专门化进行规范。首先，应统一环境法庭的建制，宜在省级人民法院逐步设立环境资源审判庭。其次，整合审判程序，将原先分散在不同审判庭内的环境案件交由环境审判庭统一审理。最后，尽快跟进相应立法。第二，建构环境行政公益诉讼机制。首先，环境行政公益诉讼制度应当对原告资格进行拓展，与环境民事公益诉讼的相关规定一致，亦即应当允许符合特定条件的环保公益组织提起环境行政公益诉讼，而不是仅限于由检察机关提起。其次，设置环境行政诉讼的前置程序，协调环境行政与环境行政诉讼之间的关系。最后，在单行法中以特别列举的方式，进一步明确环境行政公益诉讼的受案范围。第三，培育生态司法专业队伍。一方面，应加强对现有环境法官专业知识与技能的培训，将环境法学纳入法官培训课程体系，并编写适应法官需求的环境法教程；另一方面，应当适时引进人才，注重选拔环境法专业的研究生、优秀的环境律师补充到环境法官队伍中，充实审判力量，形成合理的人才结构。此外，应当充分发挥专家在环境资源审判工作中的作用。

五、自觉的生态守法体系建设

生态利益的公共性使个体利益与集体利益相脱离，道德说教异常困难，处理不当极易造成社会道德认知与法律规定的背离。因此，亟待探索一条符合生态法治特征、切合中国社会道德基础的中国特色生态守法体系建设之路。

尽管生态法治建设三十多年来，我国公众守法意识大幅提高，普遍违法的状况得到一定遏制，但仍面临较大的守法压力。首先，生态利益的公共性与我国目前守法宣传教育模式尚未充分形成合力。其次，以目标为导向的传统宣传教育方式难以适应生态法治建设的复杂性需求。最后，政治、法律、经济、文化、道德、科技等社会子系统间尚未充分互动形成公民自觉守法的社会环境。

生态守法体系的建设应从以下几个方面完善：第一，实现从个人利益到公共利益的法律意识形塑。在生态守法体系建设中，必须实现法律意识由个人利益向公共利益的中心转变，关键在于生态法律实定法及其运行在公民生活与舆论中的真实呈现。一方面，我国生态立法中绝大部分都是以义务为核心的法律规则，其执法与司法过程本身就是对公共利益的社会教育。另一方面，法律人在生态法律宣传引导公众舆论时，不宜过度采用权利化的话语体系而忽视生态法律公共利益本位的义务性特征，应当尽可能地从公共利益角度对生态法律及其法律现象予以真实解读。第二，实现从目标导向到过程导向的守法教育培养。生态守法宣传教育必须对主体守法所依赖的经济成本、市场因素、科学技术等因素予以阐明，提供可能的守法行为路径以供守法主体选择，实现生态法律宣传教育从守法目标向守法过程的专业化转变。未来中国生态守法体系的建设应当将细致的守法引导纳入非正式规则体系之中，并逐步朝着专业化、制度化、体系化的方向发展，切实为守法主体的行为提供牵引，提升守法能力。第三，实现从行为强制到行为引导的守法激励转向。在政策引导、法律强制、技术改良、道德说教、经济激励的循环链中，任何一环出现问题都可能导致守法之不能。循环中的守法行为并不是迫于法律威慑，而是被物质激励、价值认同所牵引而自觉为之。为实现这种守法环境从行为强制到行为引导的转化，除了需要法律刚性保证违法必究、提高违法成本外，还需要法律对市场形成、技术进步进行制度化的安排。

环境生态惠益的物权化研究

（摘自《中国地质大学学报（社会科学版）》2016 年第 4 期）

环境法涵盖三个实定法领域：“污染防治法”“自然资源法”“生态保护法”。上述三个实定法领域分别对应了环境所具有的环境纳污功能（又称为“环境容量功能”）、自然资源功能、生态服务功能。环境物权研究即在此划分基础上展开，其目的在于将环境功能纳入物权法体系调整，通过意思自治，将传统环境公法的外部限制内化为私法上的内部限制，以提高环境法效率。

一、环境生态惠益物权化理论综述

物权法所设定的各种权利使人们在利用物的经济价值时必然会对其环境价值产生影响。如果要将这两种价值加以协调，并且将物的生态惠益纳入物权法的调整范围，就必须解决物本身所具有的双重功能，也就是其物质表现形式与生态内容的冲突。构建环境物权，就是要解决这种利益冲突以及由此而引发的相关问题。对于环境生态惠益物权化的理论及立法模式研究，我国学界主要存在三种理论，即用益物权模式、准物权模式、财产权模式，下面分而析之。

持用益物权模式观点的学者认为，环境的自我调节性或环境容量本身就是一种资源，是可以为人所控制的具有经济价值的特定物，它应该能够为物权法所承认，应当在用益物权中建构“环境容量使用权”，其是通过功能定义法将物的生态功能与经济功能进行整合的新型物。环境容量使用权是环境利用人依法对环境容量资源占有、使用和收益的权利，其包含如下特性：环境容量使用权是用益物权，即是以物的收益为标的的他物权，以其使用价值之取得为目的之权利；其客体是环境资源整体；其目的是保持环境资源的可再生或更新能力。

持准物权模式观点的学者认为，包括环境容量在内的自然资源开发和利用行为具有独立价值，正逐渐脱离传统大陆法系中土地所有权及其用益物权制度的架构，渐次形成具有相对性的新的权利体系趋势。这类权利的重心不慕支配而侧重于利用，权利行使效果上不具有占有权能，不以支配性存在作为权利的生成基础，故此类权利并不具有严格的排他属性，存在数个权利同时并存某一环境容量资源载体之上的可能。基于此，环境容量使用权无法纳入用益物权的正常轨道，而应归属于准物权序列；其权利客体并非其所栖生的土壤、水、森林等物质载体而是环境容量本身，是一种法律意义上的无体物；权利内容为对环境容量的使用和收益；目的在于对栖生于各种不同物质载体之中的环境容量的利用，而不在于对各种物质载体行使占有权和控制权。

持财产权模式观点的学者认为，用益物权模式、准物权模式中所提及的环境资源所有权、环境容量所有权似乎其存在价值就是为了创设各种可以市场化的环境容量使用权，这一论证方式颠覆了母权与子权的关系，动摇了物权制度中以所有权为核心的根基，这将最终导致所有权地位的虚化。环境容量权无法在现有的物权体系中找到定位，但其可以交易，排污许可本身为被许可人创造了一种事实上的财产权，具有财产权的合理内核，即具有一定的经济价值且可以排他的享有。应借鉴知识产权制度，将其归入财产权的范畴。关于排污权（环境容量权）立法路径不应再如用益物权、准物权模式遵循解释论的路径，而应比照知识产权进行单独立。

上述三种环境物权理论所侧重的权利内容不同，进而决定了环境物权建构的路径有所不同。用益物权模式重支配，准物权模式重利用，财产权模式重交易，因而三种环境物权理论在权利性质、权利客体、与传统物权关系、立法路径上存在较大区别。就环境生态惠益的物权化而言，笔者认为，静态物权体系的封闭性划定了现行物权法的涵摄能力的边界，超越现有物权法能力边界的权利扩张或将引起整个物权结构的崩塌，阻却物权法最基本的目的实现。

二、静态物权体系的封闭性

环境生态惠益作为典型的公共利益，其并非传统物权所欲实现的价值目标，而是由于环境资源所具有经济价值与生态价值存在一定的重合，这才使物权法存在调整环境生态惠益之可能，而这更多是基于效率上的考量而非价值上的考量，因此理论上的改造必须尊重现有物权法的特定目的及其结构安排。对于环境物权研究而言，现有物权体系在结构上表现出一定的封闭性，突出地表现为物权客体与物权意思的封闭性，与前述三种环境物权理论所提出物权结构变化要求几乎不可调和。

（一）物权客体所表现出的封闭性

我国现行物权法继受了德国民法体系中物的狭义概念，强调“特定物”。这一限制实际上将权利、思想等无体物排除在物权客体的范围之外，将物权客体限定为有体物。有体物的限制保障了物权的清晰性，保证物之间的相互区分特定，构成公示与交易的前提；同时，物权是对世的排他权，有体物的限制保障了权利行使边界的清晰，保证主体能够独立地支配物，防止由于信息不对称而造成的物权被排斥的风险。物权客体的有体物限制构成了我国静态物权体系形式结构上的基本前提。在静态物权体系中建构纯粹以环境生态惠益为内容的环境物权，无论以环境容量为客体，还是以环境容量所栖存的自然环境为客体，均非典型的“特定物”，难以天然保证物与物之间的相互区分特定，也难以保证权利主体能够独立地支配物。同时，将环境容量作为物权客体将使与传统物权客体之间的关系异常复杂，或将阻挠传统物权的实现。因此，特定物、有体物的限制实际上否定了包括环境容量在内等无体物作为物权客体的可能性，强行将环境容量、大气环境等作为环境物权客体可能导致既有物权法律体系目的实现之不能。

（二）物权意思所表现出的封闭性

物权属于典型的支配权，权利人依据自己的意思就可以实现权利上利益。这种物权人推动自己权利实现的意愿，称为“物权意思”，物权意思具有独断性和绝对性的特征。物权人自己有实现物的实际利益的意愿，并通过自己的行为使这个意愿得以实现，物权人这种独断性形成自己的意思并贯彻自己意思的特征，被称为物权意思的独断性；而意思绝对性，是从意思表示的法律效果分析，只要物权人具有行使物权的意思，其权利上的利益就可以因此而得到实现，物权人行使权利的意思可以绝对地发生法律上的效果。可以说独断和绝对的物权意思构成了我国静态物权体系中实质结构基本前提。从我国排污权交易实践来看，排污权交易主体、交易价格、市场形成、权利行使均受到公权力的严格限制，程度完全超出了物权社会化限制应有的程度，将排污权交易理解为特定条件下对行政许可交易禁限的突破更符合排污权交易的实践。建构纯粹以环境生态惠益为内容的环境物权，必然会由于其强烈的公权力限制与传统物权意思独断、意思绝对的特征相违背，这与物权法的旨趣大相径庭。

综上，在物权的静态支配关系中，纯粹以环境生态惠益为内容的物权建构进路，从物权客体和物权意思两个方面，面临不可阻抗的物权结构限制，难以被既有的物权法体系所接受。

三、环境生态惠益在物权法体系中的定位

虽然难以直接通过创设新的环境物权将环境生态惠益纳入静态物权支配关系调整，但并不意味着现有物权法难以对生态惠益进行私权方面的内部限制，在物权的动态交易安全领域仍有较大的空间物权的动态安全范畴，尤其不动产登记制度，将有可能成为环境生态惠益物权化的制度载体。

具体而言，就是通过在不动产登记簿中载明自然资源客体之上生态惠益状况，进而通过物权意思使环境生态惠益在传统物权中予以实现。在耕地、林地、草地、水域、海域等传统物权登记时，在其不动产登记簿自然状况中载明物权客体的环境质量状况，将使传统物权确认与政府的环境保护行政管理职能结合一起，并通过不动产登记的法律效力，使环境生态惠益进入传统物权权利内容之中，并最终通过物权意思予以实现。分述如下：

（一）传统自然资源物权客体能够承载环境生态惠益

《物权法》第46~48条规定了矿藏、水流、海域、土地、森

林、山岭、草原、荒地、滩涂等自然资源所有权；在第三编用益物权规定了土地承包经营权、建设用地使用权、宅基地使用权、地役权、乡镇建设用地使用权及包括海域使用权、采矿权、取水权、渔业权在内的准物权。除大气环境外，这些客体基本与上述提到的环境生态惠益的载体存在一定的重合。这也正是环境资源所具有的二重价值，即经济价值与生态价值的统一。

环境的生态惠益是否能够成为“物”中的一部分价值，很大程度上属于一种观念上的问题。当公众普遍认识到其所拥有的权利客体同时具有生态惠益之时，传统物权客体中生态惠益就能够被当然纳入物权之中，权利人会天然抵抗来自外部的对物上生态惠益的侵害。

但是，环境的生态惠益状况往往具有隐蔽性和技术性的特点，物上所蕴含的生态惠益并不像其经济价值一般能够被权利人清楚知晓，需要通过专业的技术手段才能够获知。同时权利人亦不可能主动通过技术手段明确物上的生态惠益，因为鉴定环境要素环境质量状况成本往往是权利人不愿意负担的。理论与实践均表明，通过不动产登记制度的完善，环境生态惠益能够被传统不动产或自然资源物权客体所承载，成为物上价值的一部分而被物权人所知晓。

（二）环境生态惠益能够通过物权意思表示

当物上的生态惠益能够被物权人清楚知晓，且与经济价值保持一致或能够通过市场转化为经济价值时，物权人会自觉考虑物上生态惠益。但当物上生态惠益与经济价值不一致时，往往会基于自身经济理性而有意“忽视”物的生态价值，依照通说只能通过公法限制物权人的权利，运用公权力将环境行为的外部不经济性内部化。但由于环境生态惠益减损的隐蔽性，权利人往往无意或者有意违反公法上的义务而造成环境生态惠益的减损。

从私法角度来看，在不动产登记簿中载明物权客体的环境质量状况，则会对权利人意思形成产生影响，使其必须考虑到由客体生态惠益减损而带来的负担。一方面，所有权人如果能够清晰知晓其物所承载的生态惠益减损，必然会对抗使用权人的权利滥用；另一方面，在使用权转移的过程中，为达成合意使使用权顺利转移，出让人必定会考虑物上生态惠益减损而带来的不利影响。从公法角度看，公法上一般规定了环境的治理责任，由物权人不当行使物权而造成物上生态惠益减损，应承担相应的治理责任，这一点明显地体现在各国（地区）土地污染防治立法中。因此，通过不动产登记簿载明客体的生态惠益能够使物权人及权利相关人清楚知晓物上的生态惠益，无论是出于私法上对物权人利益的保护与权利内容的实现，还是出于公法上防止治理责任不当转移给物权人，物权人基于自身趋利避害的理性而会自觉考虑物上的生态惠益。如此，环境生态惠益便能够在物权法现有规定的物权中有所体现，并对权利人产生私法上的内部拘束。

上述物权化的方式依附于现行《物权法》所确定的物权类型，是通过制度设计对现有物权客体价值扩张，而非一种独立的物权形态。同时，传统物权客体将环境生态惠益纳入其中，并不意味着物权人就可以滥用物权，恣意向其所拥有的环境中排污或进行生态破坏，仍会受到传统环境公法的限制。这也正体现了公法与私法在环境保护领域的区分。

四、环境生态惠益物权化的制度安排

在物权的动态秩序中，彰显环境生态惠益不仅符合我国生态文明制度建设的政策导向，同时具备社会观念与市场需求的条件。如前文所述，环境生态惠益物权化的核心在于在不动产登记簿中载明物上生态惠益，使权利人及第三人能够清楚地、便利地知晓物上生态惠益状况，从而在物权变动中通过意思自治实现物上的生态惠益。但目前我国的《物权法》及自然资源单行立法中相关法律制度供给并不充分，笔者建议从以下两个方面完善：

（一）不动产登记制度的完善

登记中有关不动产或自然资源自然状况在一定程度上已经间接反映出权利客体之上的生态惠益，如林地密度、草原等级、取水水源类型等。但依据前文所讨论的生态惠益的物权化理论，相关登记的内容仍不充分、明确，不足以解决生态惠益的隐蔽性，进而使权利人清楚知晓物上生态惠益状况。因此，有必要在不动产登记簿中以明示的方式记录物上生态惠益状况，类似于环境质量标准或环境质量等级划分，像商品标签一般能够清楚地反映不动产或自然资源生态惠益状态。应考虑以下几个因素：

首先，应以客体的功能为基础，兼顾客体生态惠益的特殊性。不同用途的不动产应登记不同的内容。不同功能的客体由于其社会用途及生态功能的不同，应区分对待。其次，所登记的生态惠益状况应能够为公众所查询。笔者认为，物上的生态惠益信息承载了一定程度上的公共利益，而且对这类信息的公开公示并不会侵犯到权利人的隐私，因而应当采取“开放主义”，公众应当可以根据客体登记编号直接查询其上的生态惠益状况，无须对其查阅资格进行审查。若公众能够自由查询不动产的生态惠益状况，将会对物权人形成压力，这一压力来自于社会道德鞭挞、物权转移不能的潜在风险、公法行政责任的举报。如此便就会对抗权利滥用，避免物上生态惠益的减损。最后，所登记的生态惠益状况应当能够被公众所理解。所谓可理解，是指登记的生态惠益信息，不应采用过度专业化的术语和复杂数据，而应当使没有专业背景的公众清楚地知晓环境质量好坏。

（二）物权消灭制度的完善

不动产的生态惠益状况与不动产消灭有密切的关系，尤其在用益物权领域体现尤为明显。笔者认为，由于生态退化而导致物使用功能丧失的现象是客观存在的，如劣V类水基本丧失了使用功能，如果物丧失了其使用功能，实际上也就失去了其作为物的价值，而之前具有特定功能的物也就不复存在而归于消灭。从社会观念角度来看，公众能够接受环境质量退化作为标的物消灭的原因。如果将环境质量状况的退化作为物权标的物消灭的原因之一，那么物权人将尽最大可能维护物的最低生态质量要求，防止由于生态质量退化而导致的法律上的物权的消灭。